LO QUE LOS GRANDES LÍDERES FINANCIEROS DEL MUNDO DICEN SOBRE TONY ROBBINS

«Resulta raro que alguien externo a la industria financiera adquiera tanto protagonismo y se convierta en un respetado referente. Robbins lo ha vuelto a conseguir con un nuevo libro en el que nos prepara para sacar provecho de las inevitables quiebras y correcciones técnicas que están por venir».

Anthony Scaramucci, fundador de SkyBridge Capital y copresentador de *Wall Street Week*

«De manera sorprendente, Robbins ha creado un libro que resultará de interés tanto para los principiantes como para los más expertos gestores de capital que administran miles de millones de dólares en activos. Si hubiera un Premio Pulitzer de libros de inversión, este lo ganaría, sin lugar a dudas».

Steve Forbes, editor de la revista *Forbes* y director ejecutivo de Forbes Inc.

«Robbins es el mejor divulgador de economía con el que he trabajado. Su misión de acercar el conocimiento de las más grandes mentes financieras del mundo al inversionista promedio es realmente inspiradora».

Alan Greenspan, expresidente de la Reserva Federal, permaneció en el cargo durante cuatro mandatos presidenciales

«Tony vino a mi despacho a hacerme una entrevista de cuarenta y cinco minutos que acabó alargándose cuatro horas. Ha sido una de las entrevistas más extensas e inquisitivas que me han hecho en los sesenta y cinco años que llevo en la industria de los fondos de inversión. La energía y pasión de Tony resultan contagiosas y estimulantes, y supe desde el primer momento que su libro tendría un enorme impacto entre los inversionistas».

John C. Bogle, fundador de Vanguard Group, el mayor fondo de inversión del mundo, con tres billones de dólares en activos gestionados.

«En este libro, Robbins emplea su inmenso talento en hacer sencillo lo complejo, y convierte los conceptos de los mejores inversionistas del mundo en lecciones prácticas que beneficiarán tanto a los inversionistas aficionados como a los profesionales experimentados».

Ray Dalio, fundador y codirector de inversiones de Bridgewater Associates y el mayor inversionista en fondos de alto riesgo del mundo.

«Tony Robbins no necesita presentación. Se dedica a mejorar la vida de los inversionistas, quienes, estoy seguro, considerarán este libro sumamente interesante e instructivo».

Carl Icahn, activista multimillonario e inversionista.

«Uno no puede conocer a Tony Robbins y escuchar lo que dice sin sentirse motivado a actuar. Este libro proporcionará las estrategias necesarias para conseguir la libertad financiera tanto propia como de nuestras familias».

T. Boone Pickens, fundador, presidente y director ejecutivo de BP Capital Management y TBP Investments Management; predijo de forma certera el precio del petróleo en dieciocho de veintiún ocasiones en la cadena de televisión CNBC.

«Gracias a una combinación magistral de anécdotas y conocimiento especializado, Tony simplifica el proceso de inversión para los lectores, da prioridad a su educación financiera y les ayuda a hacer planes para el futuro».

Mary Callahan Erdoes, directora ejecutiva de JPMorgan Asset Management, que gestiona 2.4 billones de dólares en activos.

«Tony Robbins es como un cerrajero de la mente: sabe cómo abrirla a grandes oportunidades. Con su excepcional conocimiento de la naturaleza humana, ha sabido simplificar las estrategias de los mayores inversionistas del mundo para que cualquiera pueda alcanzar la libertad financiera que merece».

Paul Tudor Jones II, fundador de Tudor Investment Corporation y operador de bolsa legendario que consiguió que sus inversionistas obtuvieran beneficios durante veintiocho años consecutivos.

«El empeño incansable que pone Robbins en encontrar soluciones de seguridad e independencia financiera, y su pasión por trasladar las ideas de los más ricos al hombre común y corriente, son realmente estimulantes. Este libro podría cambiarle la vida».

David Pottruck, exdirector ejecutivo de Charles Schwab Corporation y autor *bestseller* de *Stacking the deck: How to Lead Breakthrough Change Against Any Odds*.

«Tony Robbins ha influido en la vida de millones de personas, entre otras en la mía. En este libro ofrece una serie de ideas y estrategias que usan los mejores inversionistas del mundo. Hay que leerlo: les cambiará la vida».

Kyle Bass, fundador de Hayman Capital Management e inversionista que logró convertir 30 millones de dólares en dos mil millones en plena crisis financiera.

«Tiene un gran don. Tiene el don de inspirar».

Bill Clinton, expresidente de los Estados Unidos.

«El poder de Tony es sobrehumano… Es como un catalizador que impulsa a las personas a cambiar».

Oprah Winfrey, ganadora de un premio Emmy y magnate de medios de comunicación.

«Hemos sido elegidos por Forbes como la empresa más innovadora del mundo por cuarto año consecutivo. Hoy en día nuestros ingresos superan los siete mil millones de dólares anuales. Si no hubiera sido por Tony y sus enseñanzas, Salesforce.com no existiría».

Marc Benioff, fundador, presidente y director ejecutivo de Salesforce.com.

«Las enseñanzas de Tony Robbins han marcado significativamente mi vida dentro y fuera de las canchas. Me ha ayudado a descubrir de qué soy capaz realmente y así he logrado llevar mi juego, y toda mi vida, a un nuevo nivel».

Serena Williams, ganadora de veintidós Grand Slam de tenis y medalla de oro olímpica.

«Tenía miedo de que mi éxito pudiera alejarme de mi familia. Tony fue capaz de hacerme ver que había ayudado a millones de personas, siendo, posiblemente, lo más intenso que he sentido nunca».

Melissa Etheridge, cantante, compositora y dos veces ganadora de un premio Grammy.

«No importa quién seas, el éxito que tengas o lo feliz que estés, Tony siempre tiene algo que ofrecerte».

Hugh Jackman, actor ganador de un premio Emmy y un premio Tony, y productor.

«Si quieres cambiar tu situación, si quieres cambiar tus resultados, este es el libro y Tony es el hombre».

Usher, cantante ganador de un premio Grammy, compositor y empresario.

«Tony Robbins es un genio. Su habilidad para guiar a las personas a través de los obstáculos es única».

Steve Wynn, director ejecutivo y fundador de Wynn Resorts.

«Lo que me dio realmente Tony, cuando apenas era un niño que vendía camisetas en Venice Beach, fue la voluntad de correr riesgos, de pasar a la acción y convertirme en alguien de verdad. Lo cuento como una persona que durante veinticinco años ha seguido estas estrategias y que seguirá haciéndolo».

Mark Burnett, productor de televisión ganador de cinco premios Emmy.

«¿Qué tiene este hombre que todo el mundo quiere? ¡Es un auténtico fenómeno!»

Diane Sawyer, expresentadora de *ABC World News* y *Good Morning America*.

Inquebrantable

Tony Robbins

Inquebrantable

Tu guía para lograr la libertad
financiera

Traducción de Cristina de Olano Rumeu

PAIDÓS EMPRESA

Obra editada en colaboración con Editorial Planeta – Colombia

Título original: *Unshakeable: Your Financial Freedom Playbook*

Diseño de portada: Adaptación de la cubierta original realizada por el Departamento de Diseño de Editorial Planeta Colombiana, con autorización de Simon & Schuster.

© 2017, Tony Robbins

Traducción: Cristina de Olano Rumeu

© 2018, Centro Libros PAPF, S. L. U. – Barcelona, España

Derechos reservados

© 2018, Ediciones Culturales Paidós, S.A. de C.V.
Bajo el sello editorial PAIDÓS M.R.
Avenida Presidente Masarik núm. 111, Piso 2
Polanco V Sección, Miguel Hidalgo
C.P. 11560, Ciudad de México
www.planetadelibros.com.mx
www.paidos.com.mx

Primera edición impresa en Colombia: noviembre de 2018
ISBN 13: 978-958-42-7398-7
ISBN 10: 958-42-7398-1

Primera edición impresa en México: noviembre de 2018
Décima quinta reimpresión en México: julio de 2022
ISBN: 978-607-747-623-8

Impreso en los talleres de Impregráfica Digital, S.A. de C.V.
Av. Coyoacán 100-D, Valle Norte, Benito Juárez
Ciudad De México, C.P. 03103
Impreso en México –*Printed in Mexico*

EXONERACIÓN DE RESPONSABILIDAD DEL EDITOR Y DEL ESCRITOR

En el momento de publicarse este libro, el autor estaba en conversaciones con Stronghold Wealth Management para formar algún tipo de sociedad mercantil, pero no es uno de los propietarios de esa empresa ni percibe comisión ni remuneración alguna.

En el texto que sigue se ha cambiado el nombre de muchas personas y características que podrían llevar a su identificación.

ÍNDICE

INTRODUCCIÓN

Steve Forbes, editor de la revista Forbes
y director ejecutivo de Forbes Inc.

Este libro —breve, escrito de una manera clara y lleno de sabiduría— no podría ser más oportuno. Y lo mejor es que su visión y recomendaciones son atemporales. Los inversionistas y, todavía más importante, aquellos que no lo son, deberían de leerlo y tomárselo en serio.

Nunca habíamos disfrutado de un período alcista tan largo, asociado desde el comienzo a tanta cautela y a un absoluto pesimismo acerca de su duración. El mercado bursátil nunca sigue una línea recta, ni hacia arriba ni hacia abajo, y cada caída que ha sufrido desde 2009 ha venido acompañada por llantos de angustia que predecían horribles pérdidas. El resultado de esta aversión a invertir es que decenas de millones de personas que deberían estar presentes en el mercado, en particular los millennials, no lo están. Tony Robbins señala de manera acertada que, en lo que se refiere a la acumulación de activos y especialmente de cara a la jubilación, están cometiendo un grave error que conllevará un alto costo a largo plazo si continúan manteniéndose al margen.

El texto resulta muy creíble gracias a que el autor trata de forma directa nuestros miedos sobre el futuro económico que nos espera, temores que en 2016 provocaron un ciclo electoral sorprendente. Él reconoce que, con el tiempo, el mercado experimentará una caída importante. Pero la posibilidad de que esto ocurra no debería ser motivo para permanecer alejados y de brazos cruzados. El mercado suele sufrir grandes pérdidas de manera periódica, pero la evolución de las acciones a largo plazo ha sido siempre positiva. Si asumimos que nuestras emociones son nuestro mayor enemigo a la hora de invertir, podremos diseñar estrategias que nos permitan superar al mercado y a la mayoría de los administradores profesionales.

Robbins nos enseña, con prudencia y de manera reflexiva, cómo convertirnos en los amos y señores de nuestras inversiones y evitar quedarnos paralizados por el miedo, o reaccionar con pánico y de forma perjudicial a las variaciones del mercado.

¿Qué debemos hacer cuando las acciones se desploman? ¿Cómo reconocer una oportunidad donde todo el mundo ve un desastre? Tony Robbins nos ofrece una serie de reglas prácticas que evitarán que cometamos costosos errores y, lo que es aún mejor, nos explica cómo debemos actuar —por ejemplo, reequilibrando nuestra asignación de activos— para cimentar las bases que nos garanticen cuantiosos beneficios en el futuro.

Nuestro segundo mayor enemigo son las comisiones. Los gastos no solo provienen de los costos anunciados, sino también de una serie de cobros escondidos. Debido al interés compuesto, estos pagos pueden, a largo plazo, reducir literalmente nuestras ganancias en cientos de miles de dólares. Recordemos que cada dólar de más en costos significa un dólar menos de crecimiento para el futuro. Incluso los fondos indexados tienen a veces cobros innecesarios. Y si dirigimos la mirada hacia las inversiones de renta fija, instrumentos de inversión muy populares, vemos que presentan una serie de costos que pueden dejar nuestro dinero temblando. Un inversionista informado siempre será un inversionista mucho más rico.

El sector financiero está atravesando un período de ajustes y cambios en su regulación. Este libro nos guiará a través de ellos.

Por último, Robbins nos recuerda que crear riqueza nunca debe ser un fin en sí mismo, sino un ingrediente fundamental para alcanzar una vida plena, algo que se pasa por alto muy a menudo. Mi abuelo B. C. Forbes, quien fundó la compañía hace justo un siglo, comentaba en el primer número de la revista que lleva su nombre que «el fin de una empresa es generar felicidad, no acumular dinero».

Solo podemos esperar que cada vez haya más personas, en especial los jóvenes que están empezando sus carreras profesionales, que se tomen en serio el mensaje de Robbins: ¡Entren al juego!

Robbins tiene razón. Los millennials están cometiendo los mismos errores que cometió, hace décadas, una generación anterior, profundamente afectada por la Gran Depresión. El miedo de esas personas a los mercados es perfectamente entendible. Entre los años 1929 y 1932, el índice bursátil Dow Jones perdió el equivalente a lo que hoy serían 17 000 puntos. ¡Un desplome de casi 90 por ciento! La década de 1930 estuvo marcada por altas tasas de desempleo.

Y luego vino la Segunda Guerra Mundial. No es de extrañar que la mayoría de los estadounidenses juraran no volver a invertir en el mercado de valores.

Sin embargo, una vez finalizada la guerra, Estados Unidos entró en un gran período de prosperidad. Los precios de las acciones aumentaron considerablemente. Por desgracia, muchas personas se quedaron por fuera o, simplemente, prefirieron invertir en bonos que parecían más seguros; no había manera de saber que el mercado de deuda estaba entrando en una tendencia a la baja que duraría treinta y cinco años. La inflación afectó negativamente su rendimiento y los inversionistas perdieron grandes sumas de dinero. Estas personas desaprovecharon una fantástica oportunidad de enriquecer sus vidas.

Así que no nos olvidemos nunca de estos dos acérrimos enemigos del éxito bursátil: el miedo y las comisiones.

¿Se volverá rico Tony Robbins con este manual? No. Todos los beneficios irán destinados a Feeding America, una organización que suministra comida a los más necesitados. Con esto, Robbins ejemplifica una verdad fundamental que suele pasarse por alto: que el comercio y la filantropía no son polos opuestos, sino dos caras de la misma moneda. En un mercado libre, las personas que prosperan son las que son capaces de ofrecer productos o servicios que otros desean, es decir, prosperas cuando satisfaces las necesidades y deseos de los demás. La filantropía se centra en atender las necesidades de otros individuos. Cada uno de estos ámbitos puede requerir de diferentes aptitudes, pero el fin fundamental es el mismo. De hecho, ocurre a menudo que reconocidos hombres de negocios se convierten en exitosos filántropos. Bill Gates es solo un ejemplo de muchos.

Tony Robbins nos demuestra que, al generar recursos, al producir algo, también estamos obteniendo los medios para ayudar a los demás. Este libro proporcionará una valiosa guía que le permitirá a mucha gente hacer lo mismo, y a una escala que nunca hubieran imaginado.

PRÓLOGO

John C. Bogle, legendario inversionista y fundador de Vanguard, compañía que gestiona tres billones de dólares en activos

Estábamos a principios de 2016 y me encontraba leyendo *The New York Times* mientras desayunaba un sábado por la mañana. Después de echar un vistazo a la portada (y dejar el crucigrama para más tarde), dirigí mi atención a la sección de economía. Situada de manera predominante en la cabecera de la sección B1 estaba la columna de Ron Lieber titulada «Your Money», que exponía estrategias esenciales de gestión del dinero, escritas en unas tarjetas por seis expertos en finanzas personales.

El propósito de Ron era demostrar que administrar el dinero de manera efectiva no tenía por qué ser algo complicado dado que los puntos claves de la gestión financiera cabían en unas simples tarjetas. Cinco de las seis tarjetas trataban el tema de cómo invertir los ahorros y todas daban el mismo consejo sencillo: invierte en fondos indexados.

Este mensaje se está abriendo camino entre los inversionistas. Creé el primer fondo de inversión indexado del mundo en 1975 y no he parado de resaltar sus virtudes desde entonces. En aquellos días no era más que una solitaria voz a la que casi nadie prestaba atención. Hoy cuento con un numeroso séquito que me ayuda a difundir el mensaje. Nuestras voces están teniendo eco entre los inversionistas, quienes lo están demostrando con sus dólares.

Desde finales de 2007, los inversionistas han aumentado en 1.65 billones de dólares su patrimonio en fondos indexados, a la vez que han reducido en 750 mil millones de dólares su participación en fondos de gestión activa. Dudo que este cambio en las preferencias de los inversionistas, ocurrido durante los últimos ocho años y que se resume en 2.4 billones de dólares, tenga algún precedente en la historia de la industria de los fondos de inversión.

En los últimos siete años, Tony Robbins ha persistido en su idea de ayudar al inversionista promedio a ganar la partida, ha publicitado las ventajas de los fondos indexados y ha advertido a los inversionistas para que no paguen de más por rendimientos menores. A lo largo de su aventura, ha conversado con algunas de las mentes financieras más brillantes. Aunque no estoy seguro de pertenecer a esa categoría, Tony vino a mi despacho en Vanguard para saber mi opinión sobre temas de inversión. Permítanme decir que ¡Tony es arrollador! Después de pasar solo unos minutos con él, pude comprender perfectamente cómo ha sido capaz de motivar a millones de personas en todo el mundo.

Disfrutamos tanto de nuestra charla que, aunque habíamos acordado una duración de cuarenta y cinco minutos, esta se alargó cuatro horas. Ha sido una de las entrevistas más extensas e inquisitivas que me han hecho en los sesenta y cinco años que llevo en el campo de los fondos de inversión. La energía y la pasión de Tony son contagiosas y estimulantes, y supe desde el primer momento que su libro tendría un enorme impacto entre los inversionistas.

Pero ni yo alcancé a ver el nivel de repercusión que Tony iba a conseguir. Su primer libro sobre inversión titulado *Dinero: domina el juego* (Ed. Paidós Empresa, 2018) ha vendido más de un millón de ejemplares y se mantuvo siete meses en lo más alto de la lista de libros de gerencia más vendidos de *The New York Times*. Ahora regresa con Inquebrantable, un nuevo volumen que seguro aportará un valor añadido a los lectores. Inquebrantable nos ofrece una serie de reflexiones de las figuras más importantes del mundo de las inversiones, como por ejemplo Warren Buffett y David Swensen, gerente financiero encargado de las donaciones en la Universidad de Yale. Tanto Warren como David han comentado en varias ocasiones que los fondos indexados son el mejor instrumento que el inversionista tiene a su disposición para alcanzar el éxito financiero. Este libro ayudará a que este mensaje llegue todavía más lejos.

Los fondos de inversión indexados funcionan de manera muy simple. Más que intentar elegir el mejor momento para invertir o tratar de conocer las perspectivas de determinadas acciones antes que otros profesionales del gremio, los fondos indexados sencillamente compran y mantienen en cartera los valores que conforman un índice bursátil como el S&P 500. Estos fondos son capaces de reducir los costos de inversión al mínimo. No abonan comisiones a onerosos asesores financieros y, gracias a su estrategia de «comprar y mantener», reportan unos gastos comerciales muy bajos. Está claro que no podemos controlar los mercados, pero sí lo que pagamos por nuestras inversiones. Los fondos indexados nos permiten invertir en una cartera diversificada a la enésima potencia con un costo mínimo.

Piénselo así: colectivamente hablando, los inversionistas son los dueños del mercado y por eso comparten la rentabilidad bruta que este genera (antes de costos). Al poseer todo el mercado, los fondos indexados también participan de su rendimiento con un mínimo costo anual: un 0.05 por ciento del total de la inversión que cada uno realice. El resto del mercado se mantiene activo, con inversionistas y asesores financieros que comercian sin descanso unos con otros, tratando siempre de conseguir mejores resultados que los demás. Pero ellos, en su conjunto, también poseen todo el mercado y obtienen por ello la rentabilidad bruta que este haya alcanzado. Todas esas negociaciones son extremadamente caras. Los administradores de los fondos piden (y reciben) enormes comisiones, sin olvidarnos de que Wall Street también saca tajada de este frenético intercambio. Estas y otras comisiones ocultas pueden sumar fácilmente más de un dos por ciento al año.

De tal forma que los inversionistas en fondos indexados consiguen la rentabilidad bruta del mercado menos unas comisiones del 0.05 por ciento o menos, mientras que los inversionistas activos logran, en su conjunto, la misma rentabilidad bruta menos el dos por ciento o más. Si a la rentabilidad bruta del mercado le restamos los gastos de inversión, obtenemos la rentabilidad neta de los inversionistas. Esta «hipótesis sobre la importancia de los costos» es lo único que necesitamos para entender los beneficios de invertir en fondos indexados. Si mantenemos una inversión de por vida, esta diferencia anual puede alcanzar una suma importante. La mayoría de los jóvenes que empiezan su vida laboral dedicarán sesenta años o más a invertir. Teniendo en cuenta el interés compuesto durante ese intervalo de tiempo, comprobamos que unos costos de inversión elevados pueden comerse ¡un impresionante 70 por ciento del rendimiento final!

Esta variación de costos subestima sustancialmente los costos reales que asumen muchísimos inversionistas. Como veremos en el capítulo 3, estas comisiones añadidas (a menudo ocultas) se apropian de un pasmoso porcentaje del rendimiento generado por sus fondos.

Siento un gran entusiasmo por mi pequeño aporte a este libro y por ayudar a Tony a ser el portavoz de una buena causa. Me encantó pasar una tarde maravillosa conversando con él. Agradezco la oportunidad que se me ha dado para difundir el mensaje de los fondos indexados y poder ayudar a esas personas honradas y sensatas que quieren ahorrar, bien sea para disfrutar de una jubilación tranquila o para que sus hijos reciban una buena educación.

Tony es capaz de contar con extrema habilidad y profundidad los riesgos y beneficios de invertir, narrando la historia de tal manera que los inversionistas la entiendan y alcancen el éxito. Ahora bien, la historia, como escribió el poeta británico Samuel Taylor Coleridge, no es más que «un farol en la popa, que ilumina solamente las olas que dejamos atrás» pero no las que tenemos por delante. El pasado no es necesariamente el prólogo del futuro.

Vivimos en un mundo incierto y nos enfrentamos no solo a los riesgos de lo que sabemos que no conocemos, sino a los de lo que no sabemos que no conocemos: aquello que «desconocemos desconocer» (exsecretario de defensa Donald Rumsfeld). A pesar de estos riesgos, si queremos tener alguna oportunidad de alcanzar nuestro objetivo financiero a largo plazo, tenemos que invertir. De lo contrario, lo más seguro es que no lo logremos. No es necesario invertir el cien por ciento de nuestro capital, asumir el cien por ciento del riesgo y luego obtener solo un treinta por ciento de la recompensa (a veces incluso mucho menos). Al invertir en fondos de inversión de bajo costo, indexados y con amplia cobertura del mercado (y mantenerlos en cartera «para siempre»), tenemos la garantía de que recibiremos una parte justa de cualquiera que sea el rendimiento del mercado financiero a largo plazo.

PRIMERA PARTE

EL MANUAL DE
LA RIQUEZA

CAPÍTULO 1

INQUEBRANTABLE

Fuerza y paz interior frente a la incertidumbre

IN-QUE-BRAN-TA-BLE

Una seguridad constante y absoluta;
un firme compromiso con la verdad;
presencia, paz interior y calma en medio de la tormenta

¿Cómo te sentirías si estuvieses absolutamente seguro de que vas a ser rico para siempre? Saber con total certeza que, no importa lo que pase con la economía, la bolsa o el mercado inmobiliario, tú tendrás seguridad financiera el resto de tu vida. Saber que dispondrás de tal abundancia que te permitirá no solo cuidar de tu familia, sino además sentir el placer y la felicidad de ayudar a los demás.

Todos soñamos con alcanzar esa enorme paz interior, ese confort, esa independencia, esa libertad. **En resumen, todos soñamos con ser inquebrantables.**

Pero ¿qué significa realmente ser inquebrantable?

No es solo una cuestión de dinero. Es un estado mental. **Cuando te conviertes en alguien inquebrantable, sientes una seguridad absoluta, aunque te halles en medio de una tormenta**. Esto no quiere decir que nada te afecte. Todos podemos venirnos abajo en un momento dado. Solo que no dejas que ese sentimiento se apodere de ti. No hay nada que te inquiete durante mucho tiempo. No dejas que el miedo te invada. Si tropiezas, vuelves a recuperar el equilibrio rápidamente y recobras la tranquilidad. Cuando los demás tienen miedo, tú eres capaz de sacar ventaja del caos reinante. Este estado de ánimo te permite ser un líder y no alguien que sigue al resto. Ser el *jugador* de ajedrez y no la pieza. Ser uno de los pocos que hacen y no de los muchos que solo hablan.

Pero *¿es posible* volverse una persona inquebrantable en estos tiempos tan revueltos? ¿O se trata solo de una quimera?

¿Te acuerdas de cómo te sentiste en 2008, cuando la crisis financiera arrasó con la economía global? ¿Recuerdas el miedo, la ansiedad, la incertidumbre que se apoderó de todos nosotros cuando parecía que el mundo se venía abajo? La bolsa se derrumbó. El mercado inmobiliario se desmoronó y tu casa o la de alguien cercano pasó a valer muy poco. Los grandes bancos cayeron como piezas de dominó. Millones de personas honestas y trabajadoras perdieron su empleo.

Te aseguro que nunca olvidaré el sufrimiento y el terror que presencié a mi alrededor. Vi a personas perder los ahorros de toda su vida, ser sacadas de sus casas y no poder mandar a sus hijos a la universidad. Mi peluquero me confesó que su negocio se estaba yendo al traste porque la gente ya no tenía ni para cortarse el pelo. Algunos de mis clientes multimillonarios me llamaron desesperados porque su efectivo estaba inmovilizado, no se concedían créditos y, súbitamente, corrían el riesgo de perderlo todo. El miedo era como un virus que se propagaba por todas partes. Comenzó a controlar la vida de la gente, causando una sensación de incertidumbre total en millones de personas.

Habría sido maravilloso que esa sensación de inseguridad se acabara en 2008. Seguramente a estas alturas ya habríamos vuelto a la normalidad. Que la economía global hubiera vuelto a su cauce, creciendo con un dinamismo renovado.

Pero lo cierto es que seguimos viviendo en un mundo de locos. Después de todo este tiempo, los bancos centrales siguen en una batalla épica para impulsar de nuevo el crecimiento económico. Se sigue experimentando con políticas radicales sin precedentes en toda la historia de la economía global.

¿Crees que exagero? Piénsalo bien. Países del primer mundo como Suiza, Suecia, Alemania, Dinamarca y Japón tienen en estos momentos tasas de interés «negativas». ¿Sabes lo disparatado que es eso? El propósito del sistema financiero es que tú obtengas beneficios al prestarles tu dinero a los bancos, para que luego ellos se lo presten a otros. Pero ahora, personas de todo el mundo tienen que pagarles a los bancos para que acepten el dinero que tanto les ha costado ahorrar. El *Wall Street Journal* quiso averiguar cuándo fue la última vez que hubo un período de interés negativo. Para ello, llamaron a un historiador económico. ¿Sabes lo que les contestó? Que era la primera vez que esto pasaba en los cinco mil años de historia bancaria.

Así es el mundo en el que vivimos actualmente: prestatarios que cobran por tomar prestado y ahorradores que son penalizados por ahorrar. En este mundo al revés, inversiones «seguras» como los bonos de alta calidad crediticia ofrecen una rentabilidad tan lamentable que crees que es broma. Hace poco escuché que la división financiera de Toyota había emitido un bono a tres años al 0.001 por ciento de interés. Con esa tasa, tardarías 69 300 años en doblar tu inversión.

Si no alcanzas a comprender cómo afectará esto el futuro de la economía global, bienvenido al club. Howard Marks, un legendario inversionista que administra cerca de cien mil millones de activos, me dijo recientemente que «si no estás confundido es que no entiendes lo que está pasando».

Te das cuenta de que vivimos en una época extraña cuando incluso las mentes más brillantes de las finanzas admiten estar confundidas. Este punto se hizo evidente para mí durante un encuentro que organicé recientemente con mis «socios platino»: un íntimo grupo de amigos y clientes que se reúnen una vez al año para obtener información financiera directamente de la élite.

Ya habíamos escuchado la opinión de siete multimillonarios que «se hicieron millonarios gracias a su propio esfuerzo», cuando llegó el momento de escuchar a un hombre que, a lo largo de dos décadas, tuvo más poder económico que ninguna otra persona. Yo estaba sentado en uno de los dos sillones situados en el escenario, en un salón de conferencias del hotel Four Seasons en Whistler, Columbia Británica. En el exterior, la nieve caía suavemente. El hombre que estaba sentado enfrente mío era nada más y nada menos que Alan Greenspan, expresidente de la Reserva Federal de Estados Unidos. Nombrado en 1987 por el presidente Ronald Reagan, Greenspan permaneció en su cargo durante los mandatos de cuatro presidentes, hasta que se jubiló en el año 2006. Posiblemente se trataba de la persona más indicada y con más experiencia dentro del sistema para arrojar un poco de luz sobre el futuro de la economía.

Mientras nuestra charla de dos horas llegaba a su fin, yo tenía una última pregunta para ese hombre que lo había visto todo, que había guiado la economía de Estados Unidos en épocas de bonanza y a través de adversidades durante diecinueve años.

—Alan, con noventa años has sido testigo de increíbles cambios en la economía global —comencé—. Por lo tanto, en estos momentos de extrema volatilidad y políticas financieras disparatadas, ¿qué harías si todavía fueras presidente de la Reserva Federal?

Greenspan guardó silencio por un momento. Finalmente se inclinó hacia adelante y dijo:

—¡Renunciar!

CÓMO TENER CERTEZA EN UN MOMENTO INCIERTO

¿Qué se supone que tenemos que hacer cuando incluso un ícono económico de la talla de Alan Greenspan se da por vencido, incapaz de encontrarle sentido a lo que está pasando o de ver dónde acabará? Si él no puede averiguarlo, ¿cómo diablos vamos nosotros a predecir lo que va a suceder?

Si te sientes estresado y confundido, lo entiendo. **Pero quiero darte una buena noticia: hay un puñado de personas que sí tienen las**

respuestas, unas mentes financieras brillantes que han descubierto cómo ganar dinero en los buenos y en los malos momentos. Después de haber pasado siete años entrevistando a estos maestros del juego de las finanzas, me dispongo a compartir contigo sus respuestas, sus ideas, sus secretos, para que sepas cómo ganar incluso en esos períodos tremendamente inciertos.

Y te digo una cosa: una de las mejores lecciones que he aprendido de estos maestros de las finanzas es que no hace falta conocer el futuro para ganar este juego. Grábate esta idea en tu cabeza, porque es importante. Realmente importante.

Esto es lo que tienes que hacer: concentrarte en lo que puedes y no en lo que no puedes controlar. No puedes controlar la economía ni si la bolsa sube o baja. ¡Pero eso no importa! Los ganadores del juego de las finanzas saben que ellos tampoco pueden controlar el futuro. Son conscientes de que cualquier pronóstico que hagan será a menudo incorrecto, ya que el mundo es demasiado complejo y cambiante para que alguien sea capaz de predecir lo que va a pasar. Pero, como aprenderás en las siguientes páginas, ellos se centran tanto en lo que sí pueden controlar, que siempre triunfan, independientemente de la economía o los mercados financieros. Y gracias a sus conocimientos, tú también lo harás.

Controla lo que puedas controlar. Ese es el truco. Y este libro te enseñará exactamente cómo hacerlo. Y lo más importante es que al terminar de leerlo tendrás un plan estratégico que te proporcionará las herramientas necesarias para ganar el juego.

Todos sabemos que no nos vamos a volver inquebrantables mediante simples ilusiones, mintiéndonos a nosotros mismos, pensando solo de forma positiva o colgando fotos de automóviles costosos en nuestro «muro de los deseos». No basta con creer. Necesitas el conocimiento, los instrumentos, las habilidades, la experiencia y las *estrategias específicas*, si quieres alcanzar la prosperidad real y duradera. **Debes aprender las reglas del juego de las finanzas, quiénes son los principales jugadores, cuáles son sus objetivos, cuáles son tus puntos débiles y cómo ganar la partida. Si lo consigues, serás libre.**

La finalidad de esta obra es proporcionar esa información a sus lectores. Gracias a este completo manual de estrategias para el éxito financiero, tú y tu familia dejarán atrás el miedo y la incertidumbre para disfrutar de esta aventura con absoluta tranquilidad.

Muchas personas solo le prestan atención a sus finanzas de forma ocasional y pagan un enorme precio por ello. Esto no se debe a que no les importe. Es porque están desbordados por todo el estrés y la presión de su día a día. Además, como no tienen experiencia en esta área, se sienten intimidados, confundidos y superados. ¡A ninguno de nosotros nos gusta dedicar nuestro tiempo a algo que nos genera frustración e inseguridad! Cuando no queda más remedio que tomar una decisión financiera, a menudo nos dejamos llevar por el miedo, y por esa razón lo más probable es que no sea la decisión correcta.

Pero mi objetivo aquí es ser tu mentor, guiarte y ayudarte para que puedas idear un plan de acción que te lleve de donde estás ahora a donde quieres estar. Es posible que seas un *baby boomer* preocupado por no poder alcanzar la seguridad financiera por haber empezado demasiado tarde. O un *millennial* que piense que tiene tantas deudas que nunca podrá ser libre. O un experimentado inversionista que está buscando la manera de dejar un legado del que se beneficien las generaciones futuras. Da igual quién seas y la etapa de la vida en la que estés, estoy aquí para mostrarte que querer es poder.

Si te comprometes a acompañarme a través de las páginas de este libro, te prometo que obtendrás el conocimiento y las herramientas necesarias para lograr tu objetivo. Una vez hayas asimilado el contenido y puesto en práctica tu plan, lo más seguro es que con solo dedicarle un par de horas al año puedas seguir la ruta marcada.

Este es un aspecto de la vida que requiere compromiso. Pero si estás decidido a entender y aprovechar la información que encierra este libro, la recompensa será increíble. Piensa en cuán poderoso y seguro te sentirás cuando conozcas las reglas que rigen el mundo de las finanzas. Cuando adquieras ese conocimiento, esa habilidad, podrás empezar a tomar decisiones con base en una comprensión real del entorno. Y las decisiones son lo más poderoso que hay. **Conforman**

nuestro destino. Las decisiones que tomes después de leer este breve texto te transportarán a un nivel de paz interior, satisfacción, confort y libertad financiera que para la mayoría de las personas es solo un sueño. Sé que puede parecer algo exagerado, pero como ya descubrirás por ti mismo, no lo es.

CONOCE A LOS MAESTROS DEL DINERO

Mi mayor obsesión es ayudar a los demás a alcanzar sus sueños. Para mí es un gran placer enseñarle a la gente a dar un giro radical a su vida. No soporto ver sufrir a otros, porque sé lo que se siente. Me crie en la miseria, con cuatro padres diferentes y una madre alcohólica. A menudo me acostaba con hambre, sin saber si al día siguiente iba a haber algo de comer. Teníamos tan poco dinero que compraba camisetas de segunda mano por veinticinco centavos y acudía a la escuela con unos *Levi's* de pana que me quedaban diez centímetros más cortos. Para poder mantenerme, trabajaba de aseador nocturno en dos bancos, cogía el autobús de vuelta a casa y dormía cerca de cuatro o cinco horas antes de arrastrarme al colegio todas las mañanas.

Hoy en día disfruto del éxito financiero. Pero puedo asegurarles que nunca olvidaré lo que es vivir en un estado constante de ansiedad por el futuro. En esa época estaba atrapado en mis circunstancias y sufría muchas inseguridades. Así que, cuando vi lo mal que lo estaba pasando la gente durante la crisis financiera de 2008-2009, supe que no podía darles la espalda.

Lo que me sacaba de casillas era que ese caos financiero había sido provocado, en gran medida, por las imprudencias cometidas por una pequeña minoría de agentes sin escrúpulos en Wall Street. Sin embargo, ninguna persona poderosa fue penalizada por todo el sufrimiento causado. Nadie fue a la cárcel. Nadie abordó los problemas sistémicos que habían causado que la economía fuese tan vulnerable. Parecía que los damnificados de este caos financiero no importaban. Observé cómo los utilizaban y abusaban de ellos a diario y llegó un momento en que no pude soportarlo más.

Entonces me dediqué a investigar el modo de ayudar y enseñar a las personas a tomar el control de sus finanzas, para que no fueran nunca más víctimas pasivas de un juego demasiado complicado de entender. Contaba con una ventaja fundamental: acceso personal a muchos de los grandes personajes del sector financiero. El hecho de haber asesorado a Paul Tudor Jones —uno de los mejores corredores de bolsa de todos los tiempos— durante los últimos veintitrés años, en los que nunca cerró un año en negativo, fue de gran ayuda. Paul, un filántropo extraordinario, un pensador brillante y un querido amigo, hizo que se me abrieran muchas puertas.

En siete años he entrevistado a más de cincuenta maestros del mundo de las finanzas. Es posible que sus nombres no les suenen conocidos, pero dentro de la industria financiera, estas personas tienen una influencia y un estatus de celebridad equiparable a ¡LeBron James, Robert De Niro, Jay Z y Beyoncé!

La lista de leyendas que quisieron compartir sus conocimientos conmigo incluyen a Ray Dalio, el administrador de fondos de inversión más exitoso en la historia; Jack Bogle, el fundador de *Vanguard* y respetado pionero de los fondos indexados; Mary Callahan Erdoes, que supervisa activos por valor de 2.4 billones de dólares en JPMorgan Chase & Co.; T. Boone Pickens, el magnate multimillonario del petróleo; Carl Icahn, el inversionista «activista» más importante de América; David Swensen, cuya magia financiera transformó Yale en una de las universidades más ricas del mundo; John Paulson, un administrador de fondos de inversión que ganó, para su propio beneficio, 4.9 mil millones de dólares en 2010; y Warren Buffett, el más célebre inversionista que ha pisado la tierra.

Si no conoces estos nombres, no eres el único. A menos que trabajes en finanzas, lo más probable es que estés más enterado sobre las últimas noticias de Brangelina, o sobre cómo le va a tu equipo de futbol. Pero a partir de ahora, vas a querer prestarles atención a estos titanes financieros porque, literalmente, pueden cambiarte la vida.

El resultado de mi trabajo de investigación quedó plasmado en un ladrillo de 700 páginas titulado *Dinero: Domina el juego* (Ed. Paidós

Empresa, 2018). Para mi satisfacción, el libro escaló al número uno de la lista de libros de empresa más vendidos de *The New York Times* y ha vendido más de un millón de copias desde que fue publicado en 2014. Ha sido además avalado por la élite financiera de una forma impresionante. Carl *Icahn*, un hombre difícil de convencer, manifestó: «Todos los inversionistas encontrarán este libro extremadamente interesante e instructivo». Jack *Bogle* escribió: «Este libro te instruirá y reforzará tus conocimientos sobre cómo dominar el juego del dinero y, a largo plazo, alcanzar la libertad financiera». Steve Forbes publicó: «Si existiese un Premio Pulitzer de libros de inversión, este lo ganaría sin lugar a dudas».

¡Me gustaría pensar que estos elogios son prueba de mi capacidad literaria! Pero el éxito de *Dinero: domina el juego* refleja realmente la generosidad de todos esos monstruos financieros que estuvieron dispuestos a dedicarme varias horas y a compartir conmigo su sabiduría. Cualquier persona que invierta su tiempo en estudiar y poner en práctica todo lo que me contaron estará en capacidad de obtener un éxito financiero que puede durarle toda la vida.

Así que, ¿por qué molestarme en escribir un *segundo* libro sobre cómo materializar las aspiraciones financieras? Después de todo, existen muchas maneras más fáciles e indoloras de invertir mi tiempo que escribiendo libros. Por ejemplo, vendiendo mis órganos en el mercado negro. Pero mi objetivo es empoderarte a ti, lector, mientras intento ayudar a millones de personas abandonadas y en situación desesperada.

He donado todas las ganancias que he obtenido por *Dinero: domina el juego* y haré lo mismo con *Inquebrantable*, para así dar de comer a los hambrientos a través de mi asociación con *Feeding America*, la organización benéfica más efectiva a la hora de alimentar a los pobres. Hasta el momento hemos repartido más de 250 millones de almuerzos gratis a familias necesitadas. En los próximos ocho años, mi intención es alcanzar la cifra de mil millones. Comprando este ejemplar, has contribuido a esta causa. ¡Gracias! ¡Y no dudes en adquirir más copias para tu familia y amigos!

Además del motivo expuesto, hay tres razones fundamentales por las que he escrito *Inquebrantable*. La primera, publicar un libro que se pudiese leer en un par de noches o en un fin de semana para así llegar al mayor número posible de lectores. Si alguien quiere seguir profundizando sobre el tema, también puede animarse a leer *Dinero: domina el juego*, aunque comprendo que ese ladrillo tan grande pueda resultar intimidante. **Inquebrantable es un manual breve y conciso, en el cual el lector encontrará datos esenciales y estrategias para transformar sus finanzas**.

Mi intención al escribir una guía rápida y fácil de leer es aumentar las posibilidades de que, además de dominar el tema, el lector también lo *lleve a la práctica*. A las personas les gusta decir que el conocimiento es poder. Pero la verdad es que el conocimiento solo es un poder *potencial*. Tú y yo somos conscientes de que, si el conocimiento no se gestiona bien, no sirve de nada. Este libro te presenta un potente plan de acción que puedes poner en marcha enseguida, porque la práctica siempre triunfa sobre el conocimiento.

La segunda razón que me llevó a escribir *Inquebrantable* fue el pánico que veía a mi alrededor. ¿Cómo se supone que vamos a ser capaces de tomar decisiones financieras inteligentes y racionales sumidos en un estado de terror? Incluso estando seguros de lo que tenemos que hacer, el temor nos paraliza. Me preocupa que, debido al miedo, des pasos en falso que puedan producirte, a ti y a tu familia, un daño que creo que es perfectamente evitable. Este libro te permitirá liberarte de ese temor de forma sistemática, paso a paso.

«BABY, IT'S COLD OUTSIDE!»[1]

Mientras escribo este libro, la bolsa de valores lleva siete años y medio seguidos de crecimiento, lo que supone el segundo mercado alcista más largo de la historia de Estados Unidos. Hay una sensación

---

[1] Popular canción de 1944 con música y letra del compositor estadounidense Frank Loesser, que se usó para la película de 1949 *La hija de Neptuno* y ganó el Óscar a mejor canción original dicho año. [Nota de la traductora]

generalizada de que la caída es inminente, que lo que sube tiene que bajar, de que se acerca el invierno. Cuando leas esto, es probable que el mercado haya sucumbido ya. Pero, como veremos en el siguiente capítulo, la verdad es que nadie —repito, nadie— puede predecir con certeza y exactitud el futuro comportamiento de los mercados financieros. Esto incluye a todos esos supuestos expertos que aparecen en programas de televisión, a los elegantes economistas de Wall Street y a todos los vendedores de humo con sueldos elevados.

Todos somos conscientes de que el invierno se acerca, que el mercado bursátil caerá de nuevo. Pero ninguno de nosotros sabe *cuándo* llegará o qué tan *duro* será. ¿Quiere decir esto que estamos indefensos? De ninguna manera. ***Inquebrantable* explica cómo los maestros de las finanzas se preparan, cómo son capaces de sacar provecho anticipándose y no simplemente reaccionando a la llegada del invierno. Gracias a esto, tú también te podrás beneficiar de algo que, sin embargo, perjudica a los que no han estado atentos.** Hazte esta pregunta: en una tormenta de nieve, ¿quieres ser el que se queda fuera, congelándose? ¿O prefieres ser el que está dentro sentado frente a la chimenea, observando el crepitar del fuego?

Déjame contarte un ejemplo reciente que demuestra hasta qué punto estar preparado da recompensas. En enero de 2016 la bolsa cayó en picada. En cuestión de días, 2.3 billones de dólares se evaporaron. Para los inversionistas supuso el peor comienzo de año de la historia. El mundo entero enloqueció, convencido de que, por fin, el «gran cataclismo» había llegado. Pero Ray Dalio, el administrador de fondos de inversión más exitoso de todos los tiempos, había hecho una contribución muy valiosa en *Dinero: domina el juego*: compartió conmigo un portafolio de inversión único que podía prosperar en «todas las estaciones» (*All Seasons*).

En pleno caos por el desplome del mercado, Ray viajó a Davos, Suiza, para asistir a la reunión anual de la élite mundial en la que se debaten asuntos a escala global. Le hicieron una entrevista en televisión, con un paisaje nevado de fondo, en la que explicaba cómo protegerse de esa terrible crisis. ¿Su consejo? Comprar un ejemplar de mi libro *Dinero: domina el juego*. «Tony Robbins publicó una versión básica del portafolio denominado "para todas las condiciones meteorológicas" (*All Weather*)», explicó. «Creo que podría ser útil».

¿Qué hubiera pasado si hubieras seguido el consejo de Ray y hubieras conformado la cartera *All Weather* descrita en mi libro? Mientras el índice Standard & Poor's (S&P) 500 (una lista de las quinientas empresas con mayor capitalización bursátil) caía un diez por ciento a principios de 2016, tú, en cambio, habrías conseguido un pequeño *beneficio* (poco menos del uno por ciento). Esta cartera no ha sido diseñada para ser universal ni para ser la de mejor rendimiento. El fin que persigue es el de dar cierta tranquilidad a aquellos inversionistas que no soportan la volatilidad de una cartera con mayor peso en acciones (aunque esto pueda resultar en mayores ganancias).

Pero lo realmente impresionante es que esta cartera para «todas las estaciones» habría proporcionado beneficios el 85 por ciento del tiempo durante los últimos setenta y cinco años. Este es el poder de contar con una estrategia adecuada y proviene directamente de uno de los mejores del mundo.

EVITA LOS TIBURONES

La tercera razón que me llevó a escribir este libro fue mi deseo de enseñar a no ser devorado por los tiburones. Como veremos más adelante, uno de los mayores obstáculos para alcanzar el éxito financiero es la dificultad de discernir en quién puedes y en quién no puedes confiar.

Hay un montón de gente fantástica trabajando en el sector financiero, gente que siempre se acuerda del cumpleaños de su madre, que es amable con los perros y que mantiene una higiene personal impecable. Pero esta gente no está necesariamente velando por *tus* intereses. La mayoría de las personas que prestan «asesoramiento» financiero independiente son en realidad corredores de bolsa, aunque usen un nombre diferente para referirse a sí mismos. Cobran cuantiosas comisiones por vender productos, bien sean acciones, bonos, fondos de inversión, planes de pensiones, seguros o cualquier otra cosa que les ayude a sufragar su siguiente escapada a las Bahamas. Como pronto aprenderás, solo un pequeño grupo de asesores están *obligados por ley* a anteponer tus intereses a los suyos.

Después de escribir *Dinero: domina el juego*, volví a ver lo fácil que resulta dejarse engañar por Wall Street. Peter *Mallouk*, un abogado y planificador financiero certificado al que respeto profundamente, concertó una reunión conmigo para compartir lo que él definió de manera bastante enigmática como «información vital». **La revista de inversión *Barron's* calificó a Peter y su empresa, Creative Planning, como los número uno de los Estados Unidos en asesoría financiera independiente en los años 2013, 2014 y 2015, mientras que *Forbes* los nombró los mejores asesores de inversiones de Estados Unidos en 2016** (con base en el crecimiento de una década) **y el canal de televisión CNBC los consideró la compañía estadounidense líder en gestión de patrimonios en 2014 y 2015.** Cuando alguien con la experiencia y reputación de Peter se pone en contacto conmigo, sé que va a contarme algo muy valioso.

Peter cogió un avión en Kansas, donde vive, con destino a Los Ángeles, donde yo estaba dirigiendo uno de los seminarios de «Libera tu poder interior». Fue allí donde me soltó la bomba y me contó que algunos «asesores» financieros, que se anuncian como honestos, están en realidad aprovechándose de una zona gris en la legislación para vender productos buscando su propio beneficio. Sin embargo, afirman ser agentes fiduciarios: una pequeña minoría de asesores que están obligados por ley a anteponer los intereses de sus clientes a los suyos propios. En realidad, son vendedores sin escrúpulos que se lucran haciéndose pasar por lo que no son. *Inquebrantable* te facilita la información necesaria para que te protejas de estos lobos con piel de cordero. Además, e igual de importante, te da las herramientas y el criterio suficiente para identificar asesores honestos, sin ningún tipo de conflicto y que velen *de verdad* por tus intereses.

Esa reunión fue el principio de una gran amistad e hizo que Peter acabara siendo el coautor de este libro. Hubiera sido imposible conseguir a alguien más competente, íntegro y claro para hacer de guía en esta aventura. ¡Cuenta las cosas tal y como son, y sabe dónde ponen las garzas!

La compañía de Peter, que administra 22 mil millones de dólares en activos, es única. Muchos multimillonarios disponen de una «oficina de gestión de patrimonios familiares»: un equipo propio que les brinda asesoría integral sobre inversiones y seguros, preparación y presentación de la declaración de impuestos, y planificación patrimonial, entre otros. Peter ofrece la misma asesoría integral a clientes que poseen activos por valor igual o superior a quinientos mil dólares: médicos, dentistas, abogados y propietarios de pequeñas empresas. Ellos son el verdadero motor de la economía estadounidense y Peter cree que merecen el mismo cuidado y atención que los multimillonarios.

Quiero comentar con total transparencia que quedé tan impresionado con la idea de Peter de crear una oficina de gestión de patrimonios abierta a todos, que me uní al consejo de administración de *Creative Planning*, me convertí en el director de psicología del inversionista y cerré un acuerdo con la empresa para que se ocupe de mis inversiones y planificación financiera. A continuación, le planteé a Peter una idea bastante radical: ¿estaría dispuesto a poner en marcha una división que ofreciera el mismo tipo de asesoría integral a aquellos clientes que están empezando a generar riqueza, aquellos con solo cien mil dólares en activos? Peter, que comparte conmigo el compromiso de ayudar al mayor número posible de personas, hizo exactamente lo que le propuse.

Me complace anunciar que su compañía se comprometió a realizar un estudio de tu situación actual y metas a futuro y, sin costo alguno, ayudarte a crear un plan financiero personalizado. Es posible que prefieras encargarte tú solo de tus finanzas. Pero si alguna vez decides que podría ser útil contar con una segunda opinión de una de las principales empresas del país, puedes ponerte en contacto con *Creative Planning* en www.GetASecondOpinion.com.

EL CAMINO POR DELANTE

Antes de seguir avanzando, quiero explicarte rápidamente la manera en la que está estructurado este libro, para que te hagas una idea de cuál es el contenido de los próximos capítulos y el tipo de ayuda que te pueden prestar. *Inquebrantable* está dividido en cuatro partes. La primera parte es un manual para la riqueza y el éxito financiero. ¿Por qué empezar con un manual? *Porque si no conoces las reglas de este juego, ¿cómo pretendes ganar?*

Muchos de nosotros preferimos no actuar cuando sentimos que estamos frente a algo demasiado complicado. No ayuda en nada que el universo de las finanzas parezca tan complejo. En el mundo hay actualmente más de 40 000 acciones disponibles, incluidas 3 700 participaciones de diversos mercados de valores estadounidenses. A finales de 2005 existían, solo en Estados Unidos, más de 9 500 fondos de inversión, lo que significa que ¡hay muchos más fondos que acciones! ¿No resulta ridículo? Añádele a todo eso unos 1 600 fondos cotizados (ETF, por su sigla en inglés) y obtendrás tantas opciones de inversión diferentes que la cabeza te empezará a dar vueltas. ¿Puedes imaginarte estar en una heladería y tener que escoger entre 50 000 sabores diferentes?

EL *PODCAST* Y LA APLICACIÓN MÓVIL DE INQUEBRANTABLE

Dispones de un par de recursos adicionales para acelerar tu viaje. El primero es el podcast de Inquebrantable, donde Peter y yo hacemos de guías. Consta de varios episodios que puedes escuchar mientras haces deporte o manejas. El segundo es una aplicación móvil creada por nosotros y que contiene videos, herramientas de planificación y una calculadora personalizada que te ayudará a averiguar cuánto debes *acumular para alcanzar diferentes niveles de seguridad y libertad financiera.*

Necesitamos de normas sólidas para poner orden en el caos. Como descubrirás en el capítulo 3, una de las más simples, y a la vez una de las más importantes, es esta: las comisiones importan.

La gran mayoría de los fondos de inversión son gestionados de forma activa, lo que significa que son administrados por personas que procuran escoger la mejor inversión en el momento más adecuado. Su objetivo es «superar al mercado». Por ejemplo, tratarán de conseguir mayor rentabilidad que una cartera de valores reconocidos no gestionada como el índice S&P 500, uno de los muchos índices que existen en el mundo para monitorizar mercados específicos. Pero la diferencia radica en que los fondos de inversión de gestión activa cobran jugosas comisiones a cambio de este servicio. Parece justo, ¿verdad?

El problema es que la mayoría de los fondos son muy buenos para cobrar comisiones elevadas y muy malos para seleccionar buenas inversiones. **Un estudio mostró que el 96 por ciento de los fondos de inversión no son capaces de superar al mercado durante un período consecutivo de diez años.**[2] ¿La consecuencia? Que pagas más por una rentabilidad menor que la del mercado. Es como si fueras a un concesionario a comprarte un Ferrari y volvieras a casa con un tractor abollado y manchado de barro.

Peor aún, estas comisiones aumentan enormemente con el paso del tiempo. **Pagar un 1 por ciento de más al año equivale a diez años de pensión de jubilación.**[3] Una vez te hayamos enseñado a evitar los fondos que cobran de más y rinden por debajo de lo esperado, podrás ahorrar fácilmente hasta veinte años de ingresos.

---

[2] El experto financiero Robert Arnott, fundador de Research Affiliates, estuvo dos décadas estudiando los mejores doscientos fondos de inversión de gestión activa que administraran un mínimo de 100 millones de dólares.

[3] Pensemos en dos inversionistas que realizan una inversión inicial de cien mil dólares y disfrutan de una rentabilidad del 8 por ciento durante treinta años, pero uno paga una comisión del 1 por ciento y el otro una comisión del 2 por ciento. Si suponemos que ambos retirarán la misma cantidad de efectivo cuando se jubilen, al inversionista que ha pagado un 2 por ciento en comisiones se le agotará el dinero diez años antes.

Solo con que aprendas esto en la primera parte del libro, podrás cambiar tu futuro. Pero todavía hay más. Como mencioné anteriormente, te explicaremos también cómo evitar a los agentes comerciales que ofrecen una «asesoría» interesada, que puede poner en peligro tu salud financiera, y encontrar asesores expertos sin conflictos de intereses. Como reza el dicho: «Cuando una persona con experiencia conoce a otra con dinero, la persona con experiencia termina con el dinero y la que tenía el dinero termina con una experiencia». **Te mostraremos cómo moverte con soltura en este juego para que nadie se vuelva a aprovechar de ti otra vez.**

La segunda parte de *Inquebrantable* es una guía financiera. Te contará qué tienes que hacer para poner tu plan de acción en marcha en este mismo instante. Y lo que es más importante, te enseñará los «cuatro básicos»: un conjunto de sencillos y poderosos principios derivados de las entrevistas que realicé a más de cincuenta grandes inversionistas del mundo. Aunque todos ellos generan dinero de maneras distintas, siguen los mismos razonamientos en la toma de decisiones. Estos «cuatro básicos» han transformado mi vida financiera, por lo que estoy encantado de compartir este conocimiento contigo.

Lo siguiente que trataremos será la manera de «vencer al mercado bajista»: en otras palabras, cómo crear una cartera diversificada para no perder los ahorros cuando caiga el mercado. *De hecho, aprenderás a aprovechar al máximo las oportunidades derivadas del miedo y la confusión.* La mayoría de las personas no son conscientes de que el éxito de una inversión está íntimamente ligado a una «asignación de activos» inteligente, es decir, a la capacidad de saber exactamente cuánto dinero meter en las diferentes clases de activos, tales como acciones, bonos, bienes raíces, oro y efectivo. La buena noticia es que maestros del dinero de la talla de Ray Dalio, David Swensen y mi querido Peter Mallouk te explicarán cómo hacerlo.

Si ya posees algo de conocimiento sobre inversiones, estarás pensando, como me preguntó hace poco un periodista financiero: «¿Pero no se trata solo de comprar y mantener unos fondos indexados?» Bueno, Dalio, Swensen, Warren Buffett y Jack Bogle me contaron que invertir en fondos indexados era la mejor estrategia a seguir para inversionistas particulares como nosotros.[4] Una de las razones radica en que los fondos indexados fueron diseñados para replicar el rendimiento del mercado. A menos que seas una superestrella como Warren o Ray, te irá mejor conformándote con la rentabilidad que te ofrece el mercado, que intentar —y probablemente fracasar— superarlo. Y lo mejor es que los fondos indexados cobran unas comisiones mínimas, lo que supone un gran ahorro a largo plazo.

No obstante, me encantaría que fuera tan sencillo. Como alguien que se ha dedicado a estudiar el comportamiento humano, te puedo asegurar que a la mayoría de las personas les resulta muy difícil mantenerse firmes y aguantar su posición en el mercado cuando todo empieza a descontrolarse. En esos momentos, la estrategia de «comprar y mantener» tiende a volar por los aires Si tienes nervios de acero como *Buffett* o *Bogle*, estupendo. Pero si te interesa saber cómo reacciona la mayoría de la gente estando bajo presión, échale un vistazo al estudio de *Dalbar*, uno de los mejores institutos de investigación en el sector de las finanzas.

Dalbar reveló la enorme discrepancia que existe entre el rendimiento del *mercado* y el rendimiento que la gente *realmente* obtiene. Por ejemplo, entre 1985 y 2015, el índice S&P 500 consiguió una rentabilidad anual media del 10.28 por ciento. A ese ritmo, el dinero se duplica cada siete años. Gracias al poder del interés compuesto, habrías podido ganar mucho dinero en treinta años invirtiendo tan solo en un fondo indexado que hubiese replicado el S&P 500. Digamos que invertiste $ 50 000 dólares en 1985. ¿Cuánto habría valido esa inversión en 2015? La respuesta: $ 941.613.61 dólares. Exacto. ¡Casi un millón de dólares!

Pero aunque el mercado ofrecía una rentabilidad del 10.28 por ciento anual, *Dalbar* descubrió que el inversionista medio obtuvo

---

[4] De acuerdo con la página web Investopedia: «Los gestores activos se basan en investigaciones analíticas, proyecciones y en su propio criterio y experiencia para tomar decisiones de inversión sobre qué valores comprar, mantener y vender. Lo contrario a la gestión activa se denomina gestión pasiva, más conocida como "indexación"».

solamente una rentabilidad del 3.66 por ciento. A ese ritmo, el dinero se duplica cada veinte años. ¿El resultado? En lugar del millón de dólares, hubieras ganado apenas unos $ 146 996 dólares.

¿Qué es lo que explica esta descomunal diferencia en el rendimiento? En parte, se trata de la desastrosa consecuencia de unos cargos de gestión excesivos, escandalosas comisiones de corretaje y unos gastos ocultos sobre los que hablaremos en el capítulo 3. Estos costos tienen un impacto negativo continuo sobre nuestros ingresos, el equivalente a un vampiro que se alimenta de nuestra sangre todas las noches.

Pero también hay otro culpable: la naturaleza humana. Como todos sabemos, somos criaturas sensibles y cometemos locuras cuando nos invaden emociones como el miedo y la codicia. Como Burton *Malkiel*, el legendario economista de la Universidad de Princeton, me dijo una vez: «Las emociones son muy poderosas y nosotros, como inversionistas, tendemos a hacer cosas muy estúpidas». Por ejemplo, «somos propensos a poner dinero en el mercado y sacarlo justo en el peor momento». Probablemente conozcas a personas que se dejaron llevar por un mercado alcista y asumieron riesgos innecesarios con un dinero que no podían permitirse perder. También es posible que conozcas a personas que se asustaron y vendieron todas sus acciones en 2008, perdiéndose las enormes ganancias que siguieron cuando el mercado remontó en 2009.

He pasado casi cuatro décadas enseñando a la gente la psicología de la riqueza. Por lo tanto, en la tercera parte de *Inquebrantable*, te mostraré cómo modificar tu forma de comportarte para evitar los típicos errores que se cometen por cuenta de las emociones. ¿Por qué esto es tan importante? Porque es imposible que pongas en práctica las estrategias expuestas en este libro hasta que no aprendas a «callar a tu enemigo interior».

Después de eso, trataremos de responder a la que posiblemente sea la pregunta más importante de todas. ¿Qué es lo que quieres realmente? ¿Cómo se consigue la máxima felicidad en la vida? **¿Es dinero lo que persigues, o son las sensaciones que piensas que el dinero**

te puede dar? Muchos creemos —o imaginamos— que el dinero nos ayudará a llegar a un punto donde finalmente nos sentiremos libres, seguros, con ilusión, más fuertes y llenos de ánimo y felicidad. Pero la realidad es que puedes alcanzar ese maravilloso estado *ahora mismo*, independientemente del nivel de riqueza material que tengas. Así que, ¿para qué esperar a ser feliz?

Por último, incluí en el apéndice unas valiosas indicaciones para que las discutas con tu abogado y tus asesores financieros. Se trata de cuatro listados con tareas que indican cómo defender tus activos, construir un legado financiero y protegerte de lo desconocido.

LA SERPIENTE Y LA CUERDA

Pero antes que nada quisiera hablarte del siguiente capítulo, porque estoy convencido de que este cambiará tu vida financiera. De hecho, solo con leerte el capítulo 2 e ignorar el resto ¡podrás empezar el viaje que te llevará a cosechar increíbles recompensas!

Como mencioné anteriormente, vivimos en una época de gran incertidumbre. La economía mundial sigue sin recuperarse del todo, a pesar de los años que han pasado. Los sueldos de la clase media llevan décadas estancados. Las nuevas tecnologías están alterando tantos sectores que resulta imposible predecir qué tipo de empleos habrá en el futuro. Y luego está esa molesta sensación de que el mercado puede caer en cualquier momento, después de muchos años de grandes ganancias. No sé si a ti te pasa igual, pero toda esta incertidumbre genera un gran temor en mucha gente: hace que no quieran invertir en los mercados financieros, lo que les impide convertirse en propietarios, y no solo consumidores, de la economía.

El próximo capítulo es un antídoto contra este miedo. Analizaremos siete hechos específicos que cambiarán tu visión sobre el funcionamiento de los mercados y los patrones económicos y emocionales que influyen en su comportamiento. Aprenderás que las correcciones y las quiebras ocurren con sorprendente regularidad, pero que nunca duran. Los mejores inversionistas se preparan a fondo para hacer frente a la volatilidad —esos impactantes vaivenes— y la convierten en una ventaja a su favor. **Una vez hayas entendido ciertas pautas, podrás actuar sin miedo; no porque reniegues de él, sino porque habrás adquirido el conocimiento y la lucidez necesarios para tomar decisiones acertadas.**

El mercado de valores es menos volátil que la mayoría de mis relaciones románticas.

Esto me recuerda una vieja historia, que puede que conozcas, sobre un monje budista que está regresando a casa de noche, por un camino rural, cuando de repente vislumbra una serpiente venenosa bloqueando la vía, entra en pánico y corre despavorido. A la mañana siguiente, vuelve al sitio donde creyó ver al horrible reptil. Pero ahora, con la luz del día, se da cuenta de que lo que él pensaba que era una serpiente enroscada, no es nada más que una cuerda inofensiva.

El capítulo 2 te demostrará que tu ansiedad también es infundada, que la serpiente que tanto miedo te provoca es solo una cuerda. ¿Por qué resulta tan importante? **Porque no puedes ganar este juego hasta que no adquieras la fortaleza emocional suficiente para entrar ahí y quedarte por una larga temporada.** Una vez comprendas que no existe ninguna serpiente impidiéndote el paso, podrás recorrer de forma tranquila y segura el trayecto hacia tu libertad financiera.

¿Estás listo? Entonces, ¡comencemos ya!

CAPÍTULO 2

SE ACERCA EL INVIERNO... ¿PERO CUÁNDO LLEGARÁ?

Siete datos que nos librarán del temor a las quiebras
y las correcciones de mercado

«La clave para ganar dinero invirtiendo en acciones
es no tenerles miedo».
PETER LYNCH, LEGENDARIO ADMINISTRADOR DE FONDOS
EN FIDELITY INVESTMENTS, QUE CONSIGUIÓ UNA
RENTABILIDAD DEL 29 POR CIENTO ANUAL

Poder. La capacidad de cambiar e influir en las circunstancias vitales. La energía para producir resultados extraordinarios. ¿De dónde viene? ¿Qué convierte a una persona en poderosa? ¿Qué genera poder en nuestras vidas?

Cuando éramos cazadores y recolectores, no teníamos poder. Estábamos a merced de la naturaleza. Cada vez que nuestros antepasados se aventuraban a salir de caza o en busca de comida, se exponían a ser despedazados por depredadores despiadados o avasallados por inclemencias meteorológicas extremas. Y no siempre había para comer. **Pero poco a poco, a lo largo de muchos miles de años, fuimos desarrollando una valiosa habilidad: aprendimos a reconocer —*y utilizar*— diferentes patrones.**

El hecho más importante ocurrió cuando observamos los patrones de cada estación. Y aprovechamos este conocimiento para sembrar las semillas en el momento *adecuado*. Este hito hizo que pasáramos de la escasez a la abundancia; a un nuevo entorno donde las comunidades y, a la larga, las ciudades y las civilizaciones podían prosperar. La habilidad para reconocer patrones cambió, literalmente, el curso de la historia de la humanidad.

Por el camino también hemos aprendido una lección de vital importancia: aunque hagamos las cosas bien, si el momento no es el indicado, no obtendremos nada a cambio. Si plantamos una semilla en invierno, no importa lo mucho que nos esforcemos, solo cosecharemos nuestra frustración. Para sobrevivir y prosperar hay que saber hacer las cosas bien y en el momento oportuno.

Nuestra capacidad para reconocer patrones también es la principal habilidad que nos llevará a alcanzar el bienestar económico. Una vez seas capaz de reconocer los patrones que rigen los mercados financieros, podrás adaptarte a ellos y utilizarlos para tu propio beneficio. Este capítulo te proporcionará ese poder.

«La mayoría de los inversionistas no saben aprovechar todas las ventajas del increíble poder del interés compuesto: el poder multiplicador del crecimiento por el crecimiento».

BURTON MALKIEL

Antes de seguir avanzando, quiero que nos detengamos unos minutos y analicemos un concepto fundamental que seguramente conoces y que resulta imprescindible para crear una riqueza sostenible en el tiempo.

Lo primero que debemos saber es que existe una manera increíblemente poderosa de generar riqueza que está a nuestra disposición y con la que Warren Buffett ha amasado una fortuna que actualmente asciende a 65 mil millones de dólares. **¿Cuál es su secreto? Según el** propio *Buffett*, es muy sencillo: «Mi riqueza se debe a la combinación de tres cosas: que vivo en Estados Unidos, que tengo algunos genes ganadores y al interés compuesto».

No sé cómo son tus genes, aunque me imagino que bastante buenos. Pero sí sé que el interés compuesto es una fuerza que nos puede catapultar a una vida de absoluta libertad financiera. Aunque todos sepamos lo que es el interés compuesto, siempre es bueno recordar cuánto poder puede llegar a acumular si aprendemos a sacarle todo el provecho. En realidad, podemos equiparar el impacto que tendrá en nuestra vida la habilidad de comprender y utilizar el poder del interés compuesto con el momento en que nuestros antepasados descubrieron que sembrando las semillas en el momento justo obtenían una abundante cosecha.

Quisiera ilustrar el poder del interés compuesto con un sencillo ejemplo que sin duda te impresionará. Joe y Bob son dos amigos que deciden invertir 300 dólares todos los meses. Joe comienza a los 19

Monto invertido:	$300/mensuales ($3600 anuales) creciendo al 10%			
3600	Edad	Joe	Monto	Bob	Monto
Tasa de retorno	19	3600	3960	-	-
10%	20	3600	8316	-	-
	21	3600	13 108	-	-
	22	3600	18 378	-	-
	23	3600	24 176	-	-
	24	3600	30 554	-	-
	25	3600	37 569	-	-
	26	3600	45 286	-	-
	27	-	49 815	3600	3960
	28	-	54 796	3600	8316
	29	-	60 276	3600	13 108
	30	-	66 303	3600	18 378
	31	-	72 934	3600	24 176
	32	-	80 227	3600	30 554
	33	-	88 250	3600	37 569
	34	-	97 075	3600	45 286
	35	-	106 782	3600	53 775
	36	-	117 461	3600	63 112
	37	-	129 207	3600	73 383
	38	-	142 127	3600	84 682
	39	-	156 340	3600	97 110
	40	-	171 974	3600	110 781

41	-	189 171	3600	125 819
42	-	208 088	3600	142 361
43	-	228 897	3600	160 557
44	-	251 787	3600	180 573
45	-	276 966	3600	202 590
46	-	304 662	3600	226 809
47	-	335 129	3600	253 450
48	-	368 641	3600	282 755
49	-	405 506	3600	314 990
50	-	446 056	3600	350 449
51	-	490 662	3600	389 454
52	-	539 728	3600	432 360
53	-	593 701	3600	479 556
54	-	653 071	3600	531 471
55	-	718 378	3600	588 578
56	-	790 216	3600	651 396
57	-	869 237	3600	720 496
58	-	956 161	3600	796 506
59	-	1 051 777	3600	880 116
60	-	1 156 955	3600	972 088
61	-	1 272 650	3600	1 073 256
62	-	1 399 915	3600	1 184 542
63	-	1 539 907	3600	1 306 956
64	-	1 693 897	3600	1 441 612
65	-	$1 863 287	3600	1 589 733
Ventaja de invertir más temprano	$273 554			

años y hace aportes durante ocho años más hasta que, con 27 años, deja de aportar. Ha ahorrado un total de $ 28 800 dólares.

A partir de ese momento, el dinero de Joe crece a un interés del 10 por ciento anual (muy parecido al rendimiento del mercado de valores estadounidense durante los últimos cien años). **Cuando se jubile, con 65 años, ¿cuánto dinero tendrá? La respuesta: $ 1 863 287 dólares. En otras palabras, aquella modesta inversión de 28 800 dólares ha aumentado hasta alcanzar casi los ¡dos millones de dólares! Bastante impresionante, ¿verdad?**

Su amigo Bob empieza a ahorrar más tarde. Invierte la misma cantidad, 300 dólares, pero comienza a hacerlo cuando tiene 27 años. Pese a ello, es un tipo disciplinado y sigue aportando 300 dólares todos los meses hasta cumplir los 65 años, un período de treinta y nueve años. Su dinero también ha crecido a un interés del 10 por ciento anual. ¿El resultado? Al jubilarse, dispone de unos ahorros totales de $ 1 589 733 dólares.

Reflexionemos un momento sobre lo que ha pasado. Bob invirtió un total de $ 140 000 dólares, casi cinco veces más que los 28 800 dólares que aportó Joe. Aún así, Joe ha ganado $ 273 554 dólares más. Exacto. Joe consigue acumular más riqueza que Bob, a pesar de que después de los 27 años no vuelve a invertir más.

¿Cómo explicamos el increíble éxito de Joe? Sencillo. *Al empezar antes, el interés compuesto hace que su inversión genere más valor del que él hubiera podido aportar por sí mismo.* Cuando cumpla 53 años, el interés compuesto generará $ 60 000 dólares de beneficio anual en su cuenta. Cuando cumpla 60, ¡su cuenta aumentará en más de $ 100 000 dólares al año! Y todo esto sin aportar nada más. La rentabilidad total de la inversión de Bob es del 1032 por ciento, mientras que la de Joe alcanza un espectacular 6370 por ciento.

Ahora imaginemos por un momento que Joe no deja de invertir a los 27 años. Que, al igual que hizo Bob, sigue aportando 300 dólares mensuales hasta cumplir 65. El resultado: ¡unos ahorros de $ 3 453 020 dólares! En otras palabras: Joe tiene 1.86 millones de dólares más que Bob porque empezó a invertir ocho años antes.

Ese es el impresionante poder del interés compuesto. Esta fuerza puede, con el paso del tiempo, convertir una pequeña suma de dinero en una enorme fortuna.

Pero ¿sabes qué es lo más asombroso? Que la mayoría de las personas no sacan suficiente partido de este secreto a voces; que no se dan cuenta de las milagrosas ganancias que están justo delante de sus narices. En su lugar, siguen pensando que pueden llegar a ser ricos por sí solos. Se trata de un error muy común: creer que si ganas suficiente dinero, al final conseguirás ser financieramente libre. Pero la realidad no es tan sencilla. Todos hemos leído historias sobre estrellas de cine, músicos y atletas que, habiendo ganado dinero por cantidades, acabaron arruinados porque no supieron invertirlo bien. Después de una serie de inversiones desafortunadas, y a pesar de llegar a poseer un patrimonio neto estimado en 155 millones de dólares, el rapero 50

Cent se declaró en bancarrota. La actriz Kim Basinger ganaba más de diez millones de dólares por película cuando estaba en lo más alto de su carrera. Y aun así también se arruinó. Incluso Michael Jackson, el «rey del pop», que firmó, según dicen, un contrato por mil millones de dólares y vendió más de 750 millones de discos, supuestamente debía más de 300 millones de dólares a su muerte, en 2009.

¿Cuál es la lección? Nunca vas a ganar lo suficiente como para alcanzar la libertad financiera. Lo que de verdad hay que hacer para llegar a ser rico es reservar una parte de tu dinero e invertirlo para que el interés compuesto dé sus frutos a lo largo de muchos años. Así es como te vuelves rico mientras duermes, como consigues que el dinero sea tu esclavo, en vez de ser tú el esclavo del dinero. Así es como logras la verdadera libertad financiera.

Llegados a este punto, probablemente estés pensando: «Sí, claro, pero ¿cuánto dinero tengo que ahorrar para alcanzar mis objetivos?» ¡Es una buena pregunta! Para ayudarte con la respuesta, desarrollamos una aplicación móvil que puedes usar para averiguar cuánto necesitarás ahorrar e invertir exactamente. Se encuentra disponible en www. Unshakeable.com

Como cada uno tiene necesidades diferentes, te recomiendo que te sientes con tu asesor financiero y converses con él sobre tus objetivos específicos y qué tienes que hacer para alcanzarlos. Pero quiero advertirte que la mayoría de los asesores subestimarán en gran medida el dinero que necesitarás para sentirte económicamente seguro, independiente o libre. Algunos dirán que requerirás de unos ahorros que sean diez veces tus ingresos actuales. Otros, un poco más realistas, dirán quince veces. En otras palabras, si ganas $ 100 000 dólares, necesitarás $ 1.5 millones. Si ganas $ 200 000 dólares, necesitarás $ 3 millones. Esa es la idea.

En la práctica, el número al que de verdad deberías apuntar es veinte veces lo que ganas. Por lo que, si actualmente ganas $ 100 000 dólares, tendrás que reunir dos millones. Puede parecer mucho, pero recuerda que nuestro amigo Joe llegó a esa cifra con solo 28 000 dólares y apuesto a que tú podrás ahorrar mucho más durante los próximos años.

Si quieres más información, en *Dinero: domina el juego* hay una sección enteramente dedicada a este tema. Como explico en el libro, es fácil sentirse abrumado cuando te enfrentas a un número con tantos ceros. Pero no resulta tan intimidante si empiezas con un objetivo menos ambicioso. Por ejemplo, a lo mejor tu primer deseo es alcanzar la seguridad financiera y no la independencia total. **¿Cómo te sentirías si pudieras cubrir el gasto de tu hipoteca, comida, suministros para el hogar, transporte y seguros sin tener que volver a trabajar? Una vez logres ese objetivo, tendrás tanto impulso que el siguiente número ya no parecerá tan inalcanzable.**

Pero ¿cómo llegar hasta ahí? Lo primero que debes hacer es ahorrar e invertir; pasar de consumidor a propietario. Prioriza tus metas y haz que te deduzcan un porcentaje de tus ingresos directamente de tu sueldo o cuenta bancaria. Esta será la base a partir de la cual se construirá tu fondo de la libertad: la fuente de una renta vitalicia para no tener que volver a trabajar nunca más. Seguro que ya lo estás haciendo. Pero a lo mejor ha llegado el momento de concederte un aumento de sueldo: amplía el porcentaje del diez al quince por ciento, o del quince al veinte por ciento.

Ahora ya cuentas con unos ahorros, pero ¿dónde invertirlos para conseguir la máxima rentabilidad y alcanzar tus objetivos lo antes posible?

El mejor sitio para hacer crecer tu dinero a largo plazo es el mercado bursátil. En el capítulo 6 abordaremos la importancia de armar un portafolio diversificado que incluya otro tipo de activos. Pero, por ahora, nos centraremos en el mercado de valores. ¿Por qué? Porque es un excelente caldo de cultivo. Al igual que nuestros antepasados, tenemos que plantar las semillas en el lugar en el que podamos obtener la mejor cosecha.

¿DÓNDE DEBERÍA PONER MI DINERO?

Como todos sabemos, hay millones de personas que se han hecho ricas gracias al mercado bursátil. En los últimos doscientos años, y a pesar de los numerosos altibajos sufridos, ha sido el mejor sitio donde crear riqueza a largo plazo.[5] Pero tienes que saber identificar los patrones del mercado. Comprender las diferentes temporadas por las que atraviesa. Este capítulo versa sobre todo esto.

¿Qué pregunta financiera nos hacemos últimamente más a menudo? Según mi experiencia, esta es, sin ninguna duda, ¿dónde invierto mi dinero?

Esta cuestión se ha vuelto cada vez más apremiante al no tener una solución mínimamente atractiva. En esta época de tasas de interés muy bajas, no sacas nada guardando el dinero en una cuenta de ahorros. Si adquieres un bono de alta calidad crediticia (por ejemplo, si prestas dinero al gobierno suizo o japonés), ¡no recibirás ninguna compensación a cambio! Hay un chiste que dice que este tipo de inversión tradicional ofrece en estos momentos «riesgos libres de rentabilidad», en lugar de «rentabilidad libre de riesgos».

¿Y qué pasa con las acciones? Cientos de miles de millones de dólares de todo el planeta han sido depositados en el mercado de renta variable estadounidense, considerado por muchos como un refugio relativamente seguro en estos tiempos que corren. Pero esto ha generado una incertidumbre aún mayor, ya que ha provocado que el precio de las acciones estadounidenses —y su valoración— se haya disparado en los últimos siete años y medio, alimentando el miedo a una caída inminente del mercado. Incluso aquellos que están obteniendo una buena rentabilidad en el mercado alcista están preocupados porque todo se venga abajo y no haya nada que lo sostenga, aparte de los bancos centrales y sus absurdas políticas.

Entonces, ¿qué debes hacer? ¿Anticiparte al derrumbe de la bolsa vendiendo todo para luego salir corriendo? ¿Mantener el dinero en efectivo (cero rendimiento) y esperar al desplome para comprar a precios más bajos? Pero ¿cuánto tiempo puedes esperar? Piensa en todos esos desafortunados que llevan años esperando y que se perdieron todo el mercado al alza del que hemos disfrutado en este período. ¿Quizás

---

[5] Para más información, consulta el gráfico elaborado por el premio Nobel de Economía Robert Schiller, que encontrarás en el capítulo 4.1 de *Dinero: domina el juego*.

deberías mantener tu inversión, cerrar los ojos y adoptar la «posición de apoyo» por lo que pueda ocurrir? Ya te lo advertí: ¡ninguna de estas opciones resulta tentadora!

Como es sabido, los seres humanos no toleramos muy bien la incertidumbre. Así que, ¿cómo se supone que tomemos una decisión inteligente en un entorno donde *todo* es incierto? ¿Qué podemos hacer si no tenemos idea de cuándo el mercado va a caer, de cuándo llegará el invierno financiero?

Tengo buenas noticias: nosotros sí lo sabemos. ¿Cómo? Al analizar el comportamiento de la bolsa a lo largo del siglo pasado, descubrimos este singular dato: el invierno financiero llega, en promedio, una vez al año.

Una vez aprendes a reconocer este tipo de patrones a largo plazo, puedes usarlos para tu propio beneficio. Y lo que es mejor, el miedo a la incertidumbre desaparece porque compruebas que cuestiones fundamentales que conciernen a los mercados financieros, son mucho más predecibles de lo que jamás hubieras imaginado.

A continuación examinaremos siete datos objetivos que te mostrarán el funcionamiento de los mercados. Aprenderás que hay ciertos patrones que se repiten una y otra vez. Y aprenderás a tomar decisiones con base en el conocimiento de la mecánica de dichos patrones, de la misma forma en que nuestros antepasados descubrieron que la clave era plantar las semillas en primavera. Por supuesto, ¡no hay nada completamente cierto en la agricultura, ni en los mercados financieros o en la vida! Algunos inviernos llegan antes, otros más tarde, unos son duros, otros, suaves. Pero si te ciñes siempre a la misma estrategia, a lo largo de los años tus probabilidades de éxito aumentarán considerablemente. Lo que distingue a los maestros del dinero del resto es su capacidad para encontrar una estrategia acertada y no abandonarla nunca, de tal modo que la suerte siempre estará inclinada a su favor.

Cuando comprendas los siete hechos irrefutables que estamos a punto de explicar, conocerás el funcionamiento de las diferentes estaciones/temporadas financieras. Dominarás las reglas del juego, los principios en los que se basa. Esto te dará una enorme ventaja, ya que incluso inversionistas con mucha experiencia desconocen estos hechos. Gracias a este conocimiento, podrás entrar en el juego, aguantar y ganar. **Y lo mejor es que te liberará de todo el miedo y la ansiedad que domina la vida financiera de la mayoría de la gente. Por eso los hemos llamado «hechos liberadores».**

Y déjame decirte que la capacidad de invertir sin miedo tiene una importancia vital. ¿Por qué? Porque hay muchas personas a las que el miedo las paraliza de tal forma que no son capaces ni de meter el dedo en el agua. Sienten terror ante la perspectiva de que el mercado bursátil se hunda y acabe con todos sus ahorros. Sienten terror de que sus acciones se desplomen justo después de haber invertido en ellas. Sienten terror ante la idea de sufrir algún daño porque no saben lo que están haciendo. Pero todos esos miedos desaparecerán rápidamente en el instante en que conozcas la dinámica que siguen estos hechos, una información que revelaremos en las próximas páginas.

Antes de comenzar, quisiera explicar rápidamente unos cuantos términos del argot financiero. **Si un mercado sufre una caída de, por lo menos, un diez por ciento desde su punto máximo, se le denomina corrección de mercado, término que resulta particularmente**

suave y neutral para definir algo que mucha gente dice disfrutar tanto como una cirugía dental. Si un mercado sufre una caída de, por lo menos, 20 por ciento desde su punto máximo, se le denomina mercado bajista.

Empezaremos compartiendo algunos hechos liberadores sobre correcciones que resultarán sorprendentes. Acto seguido centraremos nuestra atención en los mercados bajistas. **Y, por último, explicaremos el hecho más importante de todos: que el mayor peligro no es una corrección o un mercado bajista, sino estar fuera del mercado.**

Hecho liberador 1: Desde principios del siglo XX, las correcciones de mercado han tenido, en promedio, una incidencia anual.

¿Alguna vez has escuchado a los expertos de la cadena CNBC o MSNBC hablar sobre el mercado de valores? ¿No es increíble lo dramáticos que pueden llegar a ser? Les encanta discutir sobre volatilidad y turbulencias porque, generando miedo, consiguen más audiencia. Analizan constantemente minicrisis que, según su opinión, podrían provocar un desastre financiero. Estas crisis pueden ser causadas tanto por disturbios en el Medio Oriente, como por una caída del precio del crudo, la rebaja de la calificación de la deuda en Estados Unidos, un «hueco fiscal», un conflicto presupuestario, el brexit, una desaceleración en China, o cualquier otra cosa que puedan usar para darle mayor emoción al programa. Y, por cierto, si no sabes de qué se tratan estos temas, no te alarmes: ¡la mayoría de estos expertos tampoco!

No los culpo por especular con el drama. Es su trabajo. Pero, aquí entre tú y yo, *realmente* no es para tanto. Un montón de cosas se exageran para evitar que cambies de canal. El problema radica en que todo ese parloteo, el dramatismo y las emociones pueden impedir que pensemos con claridad. Cuando escuchamos hablar a estos «expertos», con voz grave, sobre la posibilidad de que sobrevenga una corrección, una quiebra o una crisis, resulta fácil sentir una gran angustia porque suena como si el cielo estuviera a punto de desplomarse sobre nuestras cabezas. Esto puede ser buena televisión, pero lo último que tú quieres es tomar decisiones financieras basadas en el miedo. Por eso tenemos que mantener los sentimientos alejados de este juego, tanto como sea posible.

Dejemos este tema de lado y centrémonos en unos cuantos datos clave. **Por ejemplo, que desde comienzos del siglo XX *ha habido un promedio de una corrección de mercado al año*.** La primera vez que oí esto, me quedé helado. **Solo piénsalo: si tienes 50 años y esperas llegar hasta los 85, lo más probable es que veas unas treinta y cinco correcciones más. Dicho de otro modo, ¡vivirás el mismo número de correcciones que de años!**

¿Por qué resulta esto tan importante? Porque demuestra que las correcciones son parte de la rutina. En vez de tenerles miedo, tenemos que aceptarlas como algo que tiene lugar regularmente, al igual que la primavera, el verano, el otoño y el invierno. Y esto no es todo. **Históricamente, las correcciones duran, en promedio, cincuenta y cuatro días, ¡menos de dos meses!** En otras palabras, la mayoría de las correcciones casi han terminado antes de que te des cuenta. Ya no da tanto miedo, ¿verdad?

Aun así, cuando te enfrentas a una corrección, es fácil que las emociones te dominen y quieras vender para evitar más dolor y sufrimiento. Ten por seguro que no eres el único al que le pasa. Son emociones contagiosas que generan un ambiente de crisis. **Pero resulta importante señalar que, si consideramos la corrección promedio de los últimos cien años, el mercado perdió solamente un 13.5 por ciento. Desde 1985 hasta el año 2015, la caída promedio fue de un 14.2 por ciento.**

Puede ser muy incómodo el momento en que tus activos reciben un golpe de esta magnitud —y la incertidumbre provoca que muchos cometamos errores graves—, pero recuerda mantenerte siempre firme, que la tormenta pasará pronto.

Hecho liberador 2: menos del 20 por ciento de todas las correcciones acaban convirtiéndose en un mercado a la baja.

Cuando el mercado se hunde —especialmente cuando lo hace más del diez por ciento—, mucha gente es incapaz de aguantar la presión y vende por miedo a que pueda entrar en caída libre. ¿Es esta una conducta sensata y prudente? La verdad, no. **Menos** *de una de cada cinco correcciones se transforma en un mercado a la baja.* **O, lo que es lo mismo, el 80 por ciento de las correcciones no se transforman en mercados a la baja.**

Si el pánico te supera y retiras tu inversión durante una corrección, es probable que lo hagas justo antes de que el mercado se recupere. Cuando entiendas que la amplia mayoría de las correcciones no son tan malas, te resultará más sencillo mantener la calma y resistir la tentación de saltar en paracaídas a la primera señal de turbulencia.

Hecho liberador 3: Nadie predecir siempre lo que va a pasar con el mercado.

Los medios alimentan el mito de que, si se es lo suficientemente inteligente, se puede predecir el comportamiento del mercado, evitando así las corrientes descendentes. La industria de las finanzas también te vende ese cuento chino: economistas y «estrategas del mercado» de importantes bancos de inversión se lanzan a vaticinar, con aparente seguridad, el rendimiento del S&P 500 a finales de año, como si tuviesen una bola de cristal o (igual de improbable) hubiesen tenido algún tipo de iluminación divina.

De igual manera, a los redactores de los boletines de noticias les gusta hacer de Nostradamus y advertir de la «próxima caída». Tienen la esperanza de convencerte de que te suscribas a su oferta de servicios y poder escapar así de este destino. Muchos de ellos hacen los mismos pronósticos pesimistas todos los años y, alguna vez, dan en el blanco. Después de todo, incluso alguien con el reloj dañado puede dar la hora correcta dos veces al día. Estos autoproclamados visionarios utilizan entonces su «acierto» para venderse como el próximo gran gurú de las finanzas. A menos de que veas el truco, es fácil caer en el engaño.

Algunos de estos personajes creen realmente en su capacidad de predecir el futuro, mientras que otros son simplemente hábiles vendedores. Así que elige: ¿son idiotas o mentirosos? ¡Yo no sabría qué decir! Pero sí te digo que, si alguna vez te sientes tentado a escucharlos, recuerda esta célebre cita del físico Niels Bohr: «Hacer predicciones es muy complicado, especialmente si son sobre el futuro».

No sé qué opinas sobre el Ratón Pérez o sobre el conejo de Pascua. Pero cuando se trata de nuestras finanzas, es mejor ser realistas. Y la realidad es que nadie puede predecir siempre lo que va a pasar con el mercado. Es erróneo creer que podemos determinar el momento adecuado para entrar y salir del mercado.

Si no estás del todo convencido, escucha lo que dos de los mejores maestros del mundo de las finanzas piensan sobre los distintos momentos del mercado y la dificultad de predecir su comportamiento. Jack Bogle, el fundador de Vanguard, que gestiona más de tres billones de dólares en activos, ha dicho: «Sería genial salir del mercado bursátil cuando está en máximos, y luego volver a entrar cuando esté en mínimos, pero en sesenta y cinco años que llevo en este negocio, no solo no he conocido a nadie que sepa cómo hacerlo, es que no he conocido a nadie que conociera a alguien que lo supiera». **Y Warren Buffett ha expresado que «la única labor de los que predicen el mercado bursátil es hacer quedar bien a los adivinos».**

Aunque confieso que me divierte ver a todos esos expertos en el tema, comentaristas y economistas hacer el ridículo al tratar de identificar una corrección. Mira el siguiente gráfico y sabrás a qué me refiero. Uno de mis ejemplos favoritos es el economista Dr. Nouriel Roubini, quien anunció (erróneamente) que en el año 2013 iba a haber una «importante» corrección del mercado. A Roubini, uno de los pronosticadores más famosos de nuestra época, se le apodó «Doctor Catástrofe» por sus numerosas profecías fatalistas. Acertó cuando predijo el desplome del mercado en el año 2008. Aunque también avisó que vendría una recesión en el año 2004 (falso), 2005 (falso), 2006 (falso) y 2007 (falso).

Según mi experiencia, los visionarios como Roubini son muy listos y elocuentes, y sus argumentos suelen ser convincentes. Su éxito consiste en aterrorizar a la gente; da igual que se equivoquen continuamente. Hay veces que aciertan. Pero si haces caso a sus horribles advertencias, correrás a esconderte debajo de la cama, aferrado a la lata que contiene todos tus ahorros. Déjame contarte un secreto: esta estrategia ha demostrado históricamente no ser la adecuada, si lo que buscas es conseguir el éxito financiero a largo plazo.

Mercaderes de catástrofes

Echa un vistazo a estas treinta y tres predicciones fallidas realizadas por los autodenominados pronosticadores del mercado.

Los números corresponden a la fecha de la predicción en el gráfico:

1. «Nos enfrentamos a una corrección del mercado», Bert Dohmen, Dohmen Capital Research Group, 7 de marzo de 2012.
2. «Las acciones coquetean con una corrección», Ben Rooney, CNN Money, 1 de junio de 2012.
3. «Se avecina una corrección del mercado del diez por ciento: ¿aguantamos o nos salimos?», Matt Krantz, *USA Today*, 5 de junio de 2012.
4. «Una importante corrección en el precio de las acciones podría ser la fuerza que conduzca a la economía de Estados Unidos a una verdadera contracción en 2013», Nouriel Roubini, Roubini Global Economics, 20 de julio de 2012.
5. «Preparémonos para el "desplome de la bolsa 2013"», Jonathan Yates, moneymorning.com, 23 de junio de 2012.
6. «La predicción del Doctor Catástrofe para el año 2013: Roubini dice que la peor crisis de la economía mundial está muy cerca; cinco factores que tienen la culpa», Kukil Bora, *International Business Times*, 24 de julio de 2012.
7. «Cuidado, viene una corrección (o algo peor)», Mark Hulbert, MarketWatch, 8 de agosto de 2012.

8. «Seremos víctimas de una corrección de entre el ocho y el diez por ciento durante el mes de septiembre», MaryAnn Bartels, Bank of America–Merrill Lynch, 22 de agosto de 2012.

9. «A punto de llegar. Experto vaticina una gran venta de acciones en diez días», John Melloy, CNBC, 4 de septiembre de 2012.

10. «Cuidado: una corrección bursátil anda cerca», Hibah Yousuf, CNN Money, 4 de octubre de 2012.

11. «Estoy recorriendo la ciudad contándoles a mis clientes del fondo de alto riesgo que la economía estadounidense se encamina hacia una recesión», Michael Belkin, Belkin Limited, 15 de octubre de 2012.

12. «El hueco fiscal puede conducir a una corrección», Caroline Valetkevitch y Ryan Vlastelica, Reuters, 9 de noviembre de 2012.

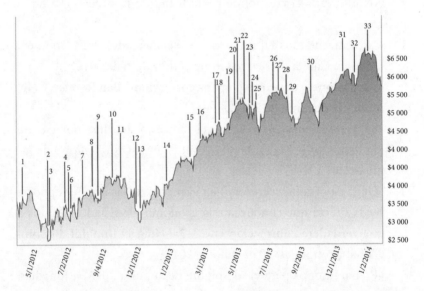

13 «La razón por la que una severa corrección del mercado es algo inminente», Mitchell Clark, *Lombardi Financial*, 14 de noviembre de 2012.

14. «En verano tendremos otra quiebra financiera», Harry Dent, Dent Research, 8 de enero de 2013.

15. «Puede ser que estemos al comienzo de una corrección bursátil», Rick Newman, *U.S. News & World Report*, 21 de febrero de 2013.

16. «El estancamiento de la economía puede ser indicador de una corrección», Maureen Farrell, CNN Money, 28 de febrero de 2013.

17. «Creo que se aproxima una corrección», Byron Wein, Blackstone, 4 de abril de 2013.

18. «Parece que la esperada corrección del mercado por fin está arrancando», Jonathan Castle, Paragon Wealth Strategies, 8 de abril de 2013.

19. «Cinco señales que nos alertan de la proximidad de una corrección de mercado», Dawn Bennett, Bennett Group Financial Services, 16 de abril de 2013.

20. «Las señales de advertencia del mercado de valores son cada vez más preocupantes», Sy Harding, StreetSmartReport.com, 22 de abril de 2013.

21. «No compres activos de riesgo, véndelos», Bill Gross, PIMCO, 2 de mayo de 2013.

22. «Puede que todavía no sea el momento de correr, pero sí el de alejarse poco a poco del riesgo», Mohamed El-Erian, PIMCO, 22 de mayo de 2013.

23. «En breve veremos una corrección», Byron Wein, Blackstone, 3 de junio de 2013.

24. «Encuesta catastrofista: riesgo del 87 por ciento de que la bolsa quiebre a final de año», Paul Farrell, MarketWatch, 5 de junio de 2013.

25. «La bolsa se contrae: el mercado se dirige a una dura corrección», Adam Shell, *USA Today*, 5 de junio de 2013.

26. «No es momento para la complacencia: la corrección del mercado está por llegar», Sasha Cekerevac, Investment Contrarians, 12 de julio de 2013.

27. «Mis modelos llevan dos meses indicándome que el 19 de julio empezará una gran liquidación de acciones», Jeff Saut, Raymond James, 18 de julio de 2013.

28. «Señales de que se acerca una corrección», John Kimelman, *Barron's*, 13 de agosto de 2013.

29. «Alerta de corrección: ¿Cuándo llegará? ¿Será muy grave? ¿Cómo podemos prepararnos?», Kevin Cook, 23 de agosto de 2013.

30. «Creo que hay muchas posibilidades de que el mercado quiebre», Henry Blodget, Business Insider, 26 de septiembre de 2013.

31. «Cinco razones para pensar que se avecina una corrección», Jeff Reeves, MarketWatch, 18 de noviembre de 2013.

32. «Ha llegado la hora de prepararse para una corrección del 20 por ciento», Richard Rescigno, *Barron's*, 14 de diciembre de 2013.

33. «Según Wien, de Blackstone: el mercado de valores está listo para una corrección del diez por ciento», Dan Weil, Moneynews.com, 16 de enero de 2014.

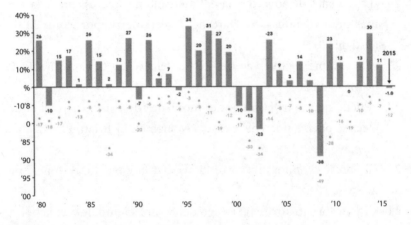

Hecho liberador 4: el mercado bursátil se revaloriza con el tiempo, a pesar de los numerosos reveses de corto plazo.

Como comentamos antes, el S&P 500 experimentó en promedio una caída intraanual del 14.2 por ciento durante los ejercicios comprendidos entre los años 1980 y 2015. En otras palabras, el mercado ha demostrado una incidencia regular en cuanto a descensos a lo largo de treinta y seis años. Una vez más, no hay nada que temer: solo se trata de algo temporal, semejante al invierno. Pero ¿sabes qué es lo que realmente me asombra? Si te fijas en el siguiente gráfico, verás que el mercado terminó el año en positivo en veintisiete de los treinta y seis años. ¡Eso es el 77 por ciento de las veces!

Final feliz

A pesar de sufrir una caída media del 14.2 por ciento cada año, el mercado de Estados Unidos presentó un resultado positivo en veintisiete de los últimos treinta y seis años.

¿Por qué es tan importante? Porque nos recuerda que el mercado tiende al alza a largo plazo, aunque se enfrente a innumerables desafíos por el camino. Todos sabemos que, durante estos treinta y seis años, el mundo ha tenido su buena ración de problemas, incluidos dos guerras del Golfo, conflictos en Irak y Afganistán y la peor crisis financiera desde la Gran Depresión. Aun así, el mercado subió en última instancia en todos esos años, menos en ocho.

¿Qué significa esto en términos prácticos? Significa que deberíamos recordar que probablemente la trayectoria a largo plazo será positiva, incluso cuando las noticias a corto plazo sean deprimentes y el mercado esté siendo golpeado. No es necesario que nos enredemos ahora con teorías económicas. Pero sí vale la pena destacar que la bolsa de valores estadounidense normalmente se recupera con el tiempo. El motivo reside en que la economía se desarrolla cuando las empresas de Estados Unidos se vuelven más rentables, cuando sus trabajadores se vuelven más eficientes y productivos, cuando la población aumenta y cuando la tecnología avanza.

Con esto no quiero decir que a todas las empresas —o a todas las acciones— les vaya a ir bien conforme pase el tiempo. Como todos sabemos, el mundo de los negocios es ¡la jungla de Darwin! Algunas compañías desaparecerán y algunas acciones perderán todo su valor. Una de las grandes ventajas de poseer un fondo indexado que replica una cartera de valores como la del S&P 500 es que, recurrentemente, se eliminan las empresas más débiles y se reemplazan por otras más robustas. ¡Es la ley del más fuerte! Lo mejor de todo es que este incremento en la calidad de las firmas del índice te beneficia. ¿Cómo? Pues, como partícipe de un fondo indexado, tú posees una parte del flujo de caja futuro de las empresas que lo conforman. Esto significa que la economía de Estados Unidos consigue que ganes dinero, ¡incluso mientras duermes!

Pero ¿y si el futuro de la economía fuera de repente muy negro? Esa es una buena pregunta. Todos somos conscientes de que nos enfrentamos a grandes desafíos, como la amenaza terrorista, el calentamiento global o las deudas de la seguridad social. Con todo, nuestra economía es increíblemente dinámica y resistente, y cuenta con algunos indicadores que nos hacen pensar que su desarrollo será positivo en el futuro. **En su informe anual de 2016, Warren Buffett aborda este tema en profundidad y explica cómo el crecimiento demográfico y un extraordinario aumento en la productividad generarán un enorme aumento de la riqueza para las próximas generaciones de estadounidenses. «Esta poderosa tendencia continuará en el futuro. La magia económica de los Estados Unidos permanece intacta», escribió. «Durante 240 años ha sido un terrible error apostar contra los Estados Unidos y este no es el momento de comenzar».**

Hecho liberador 5: históricamente, los mercados bajistas se repiten cada tres a cinco años.

Espero que estés empezando a entender la importancia de invertir en el mercado de valores a largo plazo y dejes de estar pendiente del resultado de tus inversiones casi a diario. También espero que ahora comprendas por qué no debes tener miedo a las correcciones. Hagamos una pausa por un momento y recapitulemos: ahora sabemos que las correcciones ocurren regularmente, que nadie puede predecir *cuándo* van a tener lugar y que el mercado suele recuperarse rápido, retomando su trayectoria general ascendente. Tus miedos del pasado se transforman en poder. Créeme que esto fue una revelación para mí: cuando lo entendí, todos mis temores sobre las correcciones desaparecieron. **¡Existían pruebas que demostraban que la serpiente era, en verdad, una cuerda!**

Pero ¿y los mercados bajistas? ¿Deberíamos sentir terror ante *ellos*? La verdad es que no. Una vez más, lo que necesitamos es entender unos cuantos hechos importantes que nos ayuden a actuar con base en el conocimiento y no en el miedo.

El primer hecho que debes conocer es que se han producido treinta y cuatro mercados a la baja en 115 años, de 1900 hasta 2015. Dicho de otra manera, ocurren, en promedio, una vez cada tres años. En los últimos tiempos, los mercados bajistas se han presentado con menor frecuencia: en los setenta años que han transcurrido desde 1946, ha habido un total de catorce. **Un ritmo de uno cada cinco años.** Así que, como todo depende de cuándo empecemos a contar, es justo decir que, históricamente, los mercados bajistas se repiten cada tres a cinco años. A ese ritmo, si tienes cincuenta años, ¡es posible que todavía te queden unos ocho o diez por vivir!

Todos sabemos que el futuro nunca será una réplica exacta del pasado. Aun así, resulta útil estudiar el pasado para obtener una visión general sobre la dinámica de esos patrones recurrentes. Como reza el dicho: «la historia no se repite, pero rima». Entonces ¿qué hemos aprendido en más de un siglo de historia financiera? Que es muy probable que los mercados bajistas sigan produciéndose cada pocos años, nos guste o no. Como ya he dicho, se acerca el invierno. Así que lo mejor es que nos hagamos a la idea y nos vayamos preparando.

¿Cuánto nos puede afectar una quiebra real del mercado? Bien, la historia nos dice que, en una fase bajista, la caída promedio del S&P 500 es del 33 por ciento. **En más de un tercio de las ocasiones, el índice se ha desplomado más de un 40 por ciento.** No me voy a andar con miramientos. Si eres de los que entran en pánico fácilmente, que vende todo lo que tiene invertido en pleno caos y se bloquea cuando la caída supera el 40 por ciento, entonces para ti será como si un camión te pasara *realmente* por encima. Incluso si muestras la sabiduría y fortaleza necesarias y no vendes, es probable que los mercados bajistas supongan una experiencia devastadora.

Hasta un veterano de la talla de mi amigo Jack Bogle admite que no son precisamente un camino de rosas. «¿Cómo me siento cuando el mercado pierde un 50 por ciento?», pregunta de forma retórica. «Sinceramente, me siento fatal. Se me forma un nudo en la garganta.

¿Qué es lo que hago entonces? ¡Tomo un par de libros que tratan sobre "no tirar nunca la toalla" y me los vuelvo a leer!»

Lamentablemente, muchos asesores caen víctimas del mismo miedo y se esconden en sus despachos hasta que pasa el temporal. Peter Mallouk me contó que lo que distingue a Creative Planning del resto es el continuo flujo de comunicación que son capaces de mantener en esos momentos tan convulsos. Su empresa es como un faro guía con el mensaje: «¡Nunca te des por vencido!».

Pero esto es lo que debes saber: los mercados bajistas no duran. Si miras el siguiente gráfico, verás lo que ocurrió en los catorce mercados a la baja sufridos en Estados Unidos durante los últimos setenta años. **Su duración es muy variable y abarca desde un mes y medio (45 días) hasta casi dos años (694 días). El promedio total es de un año.**

Durante una fase bajista, la mayoría de la gente cae presa de un gran pesimismo. Empiezan a creer que el mercado nunca se recuperará, que sus pérdidas solo empeorarán, que el invierno no se marchará. Pero recuerda: ¡el invierno no dura eternamente! Después siempre llega la primavera.

Una mirada a los mercados bajistas		
Años	Cantidad de días de duración	% de baja en S&P 500
1946-1947	353	-23.2%
1956-1957	564	-19.4%
1961-1962	195	-27.1%
1966	240	-25.2%
1968-1970	543	-35.9%
1973-1974	694	-45.1%
1976-1978	525	-26.9%
1981-1982	472	-24.1%
1987	101	-33.5%
1990	87	-21.2%
1998	45	-19.3%
2000-2001	546	-36.8%
2002	200	-32.0%
2007-2009	515	-57.6%

Los mejores inversionistas aprovechan todo el miedo y pesimismo que impregnan estos complicados momentos para invertir más dinero a menor precio. Sir John Templeton, uno de los grandes inversionistas del último siglo, me habló extensamente sobre este tema a lo largo de varias entrevistas antes de su fallecimiento, en el año 2008. Templeton, que hizo su fortuna comprando acciones baratas durante la Segunda Guerra Mundial, declaró: **«Las mejores oportunidades aparecen en períodos de máximo pesimismo».**

Hecho liberador 6: El mercado bajista se vuelve alcista, y el pesimismo, optimismo

¿Recuerdas lo frágil que parecía el mundo en el año 2008, cuando los bancos se declararon en quiebra y la bolsa cayó en picada? En esos momentos, cuando pensabas cómo sería el futuro, ¿te lo imaginabas oscuro y peligroso? ¿O, por el contrario, eras de los que creías que los buenos momentos enseguida volverían y que lo mejor estaba a punto de comenzar?

Como puedes observar en el siguiente gráfico, el mercado acabó tocando fondo el 9 de marzo de 2009. ¿Y sabes qué ocurrió después? **Que el índice S&P 500 repuntó hasta el 69.5 por ciento a lo largo de los siguientes doce meses.** ¡Un rendimiento espectacular! ¡En un momento, el mercado pasó de tambalearse a favorecer el comienzo de una de las tendencias alcistas más largas de la historia! **Mientras escribo estas líneas, a finales de 2016, el S&P 500 ha remontado un impresionante 266 por ciento desde su nivel más bajo en marzo de 2009.**

Podrías pensar que es algo insólito. Pero, como verás a continuación, que un mercado a la baja cambie repentinamente de tendencia es un patrón de comportamiento que se ha repetido una y otra vez durante los últimos setenta y cinco años en América.

De la baja al alza	
Punto más bajo del mercado bajista	Siguientes 12 meses (S&P 500)
Junio 13 de 1949	42.07%
Octubre 22 de 1957	31.02%
Junio 26 de 1962	32.66%
Mayo 26 de 1970	43.73%
Octubre 3 de 1974	37.96%
Agosto 12 de 1982	59.40%
Diciembre 4 de 1987	22.40%
Septiembre 21 de 2001	33.73%
Julio 23 de 2002	17.94%
Marzo 9 de 2009	69.49%

¿Entiendes ahora por qué Warren Buffett dice que le gusta ser codicioso cuando los demás tienen miedo? Porque sabe lo rápido que se puede pasar del miedo y el desánimo al optimismo desbordante. De hecho, cuando el ánimo del mercado es abrumadoramente sombrío, inversionistas de la talla de Buffett lo interpretan como una señal positiva, que indica que la situación va a mejorar. Es probable que hayas escuchado al grupo Mamas & the Papas y su canción de 1960 titulada *Dedicated to the one I love* ("Dedicado a la persona que amo", en español) donde advertían, de forma acertada, que «la hora más oscura es justo antes del amanecer».

Observamos un patrón similar en el índice de confianza del consumidor, un indicador que mide el grado de optimismo o pesimismo que los consumidores sienten con respecto al futuro. Durante una fase bajista, los analistas comentan a menudo que la caída del gasto en consumo se debe a la inquietud de las personas al pensar en el mañana. Se trata de un círculo vicioso: los consumidores gastan menos, por lo tanto, las empresas ganan menos. Y si las compañías ganan menos, la bolsa no se puede recuperar. Puede que pienses igual. Pero estos períodos de pesimismo consumista son, con frecuencia, el mejor momento para invertir. Si miras el siguiente cuadro, verás que un gran número de mercados alcistas se iniciaron cuando la confianza del consumidor alcanzó su punto más bajo.

¿Por qué? Porque el mercado bursátil no mira el presente. El mercado siempre mira hacia el futuro. Lo más importante no es cómo está ahora la economía, *sino hacia dónde se dirige.* **Y cuando parece que la situación es tan terrible que ya no tiene solución, la balanza, finalmente, se inclina hacia el otro lado. De hecho, a lo largo de la historia de Estados Unidos, no ha habido un solo mercado a la baja al que no le haya seguido un mercado al alza, sin excepción.**

Esta increíble capacidad de recuperación ha facilitado bastante la vida de los inversionistas a largo plazo en el mercado estadounidense. Después de lo malo siempre viene lo bueno. Pero ¿qué ocurre en otros países? ¿Comparten esta misma dinámica?

Por lo general, sí. Aunque Japón ha pasado por una experiencia muy dura. ¿Recuerdas la década de 1980, cuando parecía que las empresas japonesas iban a dominar el mundo? Durante esos años de optimismo desbocado, el índice bursátil japonés Nikkei 225 se sextuplicó, alcanzando un máximo de 38 957 puntos en el año 1989. A continuación, el mercado estalló en pedazos. En marzo de 2009, el Nikkei había caído hasta los 7055 puntos. ¡Esto supone un 82 por ciento menos en veinte años! En los últimos años, sin embargo, el índice nipón ha experimentado una fuerte recuperación, llegando hasta los 17 079 puntos. Con todo, la bolsa japonesa permanece aún lejos de sus máximos históricos casi tres décadas después.

Como veremos más adelante, es posible protegerse de este tipo de desastres conformando una cartera ampliamente diversificada, que incluya valores globales y distintos tipos de fondos.

¿Quién necesita confianza?	
Confianza del consumidor <60%	Siguientes 12 meses (S&P 500)
1974	+37%
1980	+32%
1990	+30%
2008	+60%
2011	+15%

«La bolsa es un mecanismo por el cual se transfiere dinero del impaciente al paciente».

WARREN BUFFETT

¿Alguna vez has escuchado al presentador del noticiero anunciar que el mercado bursátil ha alcanzado su máximo histórico? Es posible que en ese momento te invadiera una desagradable sensación parecida al vértigo que produce volar demasiado alto y sentir cómo la gravedad te tira hacia abajo; la misma gravedad que provocará que, inevitablemente, el mercado también caiga.

Mientras escribo esto, el S&P 500 está rozando su máximo histórico. En las últimas semanas ha marcado nuevos máximos en múltiples ocasiones. Y como todos sabemos, esta tendencia alcista ha durado ya siete años. Así que probablemente pienses —al igual que yo— que podríamos estar a punto de caer. Lo mejor que puedes hacer es evitar correr riesgos innecesarios. Si hay algo que hemos aprendido de la crisis de Japón es que los seres humanos tenemos una capacidad innata para el entusiasmo y, en cuanto vemos que las acciones se revalorizan, nos olvidamos del peligro.

Aunque el hecho de que un mercado esté cerca de su máximo histórico no tiene por qué entrañar ningún problema. Como vimos antes, el mercado estadounidense posee una tendencia general alcista. Esto se debe al crecimiento continuado de su economía. **Sin ir más lejos, el mercado estadounidense alcanza máximos históricos cerca de un cinco por ciento de las jornadas bursátiles. Eso hace un promedio de una vez al mes.**[6]

Debido a la inflación, el precio de prácticamente todo está, casi de forma permanente, en máximos históricos. Si no me crees, comprueba lo que vale una Big Mac, un café con leche, una chocolatina o el auto nuevo que te acabas de comprar. Lo más probable es que todos se encuentren a niveles históricos máximos.

Hecho liberador 7: El mayor peligro es estar fuera del mercado.

Espero que ahora estés de acuerdo conmigo en que la estrategia de entrar y salir continuamente del mercado está condenada al fra-

---

[6] Recuerda que en la vida real no existe un promedio absoluto. Puede haber rachas de días buenos y también de días malos. Pero siempre es útil conocer el dato promedio.

caso. En el fondo somos solo simples mortales a los que les resulta muy difícil predecir los movimientos del mercado. Como dijo una vez Jack Bogle: «La idea de una campana que suena para indicar cuándo los inversionistas deben entrar o salir del mercado simplemente no es creíble». Incluso si ese fuera el caso, el hecho de que el mercado ronde un máximo histórico podría hacer que quisieras apostar sobre seguro y reservaras tu efectivo hasta que los valores descendieran de nuevo.

El problema es que mantenerse al margen, aunque sea por un corto período de tiempo, puede ser el error más caro de todos. Sé que suena ilógico, pero como verás en el siguiente gráfico, basta con que te pierdas algunos de los mejores días de negociación bursátil para que dejes de recibir un montón de dinero.

> *«Todo tiro no hecho es un tiro errado».*
> WAYNE GRETZKY, FAMOSO JUGADOR DE HOCKEY

El índice S&P 500 cosechó entre los años 1996 y 2015 una rentabilidad promedio anual del 8.2 por ciento. Pero si durante estos veinte años te hubieses perdido las diez mejores jornadas bursátiles, tus ganancias se habrían reducido a un 4.5 por ciento anual. ¿No te parece increíble? ¡Tus ingresos se reducen casi a la mitad aunque solo faltes diez días en un período de veinte años!

¡Y todavía puede ser peor! Si en lugar de diez hubiesen sido las veinte mejores jornadas bursátiles, tus ingresos habrían descendido de un 8.2 a un insignificante 2.1 por ciento anual. ¿Y si te hubieras perdido las treinta mejores jornadas? Tus ganancias se hubieran esfumado del todo.

Entretanto, un estudio de JPMorgan descubrió que seis de las diez *mejores* jornadas de los últimos veinte años tuvieron lugar durante las dos semanas que siguieron a las diez *peores*. Moraleja: si te asustaste y vendiste en el momento incorrecto, te perdiste los magníficos días posteriores en los que los inversionistas pacientes obtienen prácticamente *todos sus ingresos*. **Dicho en otras palabras, no**

hay que tenerle miedo a las turbulencias del mercado. Es tu mejor oportunidad para alcanzar la libertad financiera. No se gana cuando estás en la banca. *Hay* que jugar. O lo que es lo mismo, el miedo no tiene recompensa. La valentía, sí.

El mensaje está claro: el mayor peligro para tu salud financiera no es una quiebra del mercado, es estar *fuera* de él. De hecho, una de las reglas básicas para conseguir el éxito financiero a largo plazo consiste no solo en *entrar*, sino también en *permanecer* en el mercado, para así poder recoger todos sus frutos. Jack Bogle lo define perfectamente: «¡No hagas nada, solo quédate quieto!»

> *«El infierno es darse cuenta de la realidad demasiado tarde».*
> THOMAS HOBBES, FILÓSOFO BRITÁNICO DEL SIGLO XVII

Pero ¿qué ocurre si saltas al ruedo justo en el peor momento? ¿Qué pasa si tienes la mala suerte de que inmediatamente después te veas afectado por una corrección o una quiebra bursátil? Como podrás observar en el siguiente gráfico, el Schwab Center for Financial Research estudió el impacto del *timing* (habilidad para elegir el mejor momento para comprar o vender activos) sobre las ganancias de cinco inversionistas hipotéticos. Se le dio a cada uno de ellos 2000 dólares en efectivo con el fin de que invirtieran una vez al año, empezando en 1993 y terminando en 2012.

El inversionista que más éxito tuvo —llamémosle señora Perfecta— invirtió su dinero en el *mejor* día posible de cada año: el día en que el mercado estaba en su nivel más bajo. Esta mítica inversionista, que supo aprovechar *perfectamente* las oportunidades del mercado durante dos décadas, obtuvo unas ganancias de $ 87 004 dólares. El inversionista con el *timing* más desfavorable —llamémosle señor Desafortunado— invirtió todo su dinero en el peor día posible de cada año: el día en que el mercado estaba en su nivel más alto. ¿El resultado? Ganó $ 72 478 dólares.

Resulta llamativo que, a pesar de veinte años de increíble mala suerte, el señor Desafortunado de todas formas fue capaz de conseguir un beneficio considerable. ¿Cuál es la lección? **Que si te mantienes en el mercado el tiempo suficiente, el interés compuesto obrará su magia y lograrás un gran rendimiento, aun si tu** *timing* **ha sido irremediablemente desacertado.** ¿Y sabes qué? **El inversionista con el peor resultado no fue el señor Desafortunado, sino el que se quedó en la banca con todo el efectivo: obtuvo solo $ 51 291 dólares de ganancias.**

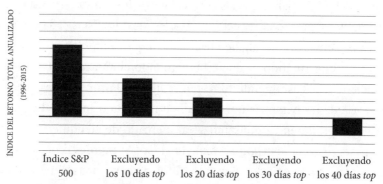

Fuente: Schwab Center for Financial Research with data provided by Standard and Poor's.

Fuente: Graph from Riepe 2013.

¡POR FIN LIBRE!

En este capítulo has conocido cuáles son los siete hechos que muestran el funcionamiento del mercado. Y, basándonos en más de un siglo de historia financiera, has aprendido que las correcciones, los mercados a la baja y las recuperaciones siguen patrones muy similares, que se repiten una y otra vez. Ahora que ya sabes *reconocer* estos patrones, en breve también serás capaz de *utilizarlos* en tu propio beneficio.

Más adelante te explicaré con detalle algunas estrategias concretas que podrás usar para sacar provecho de estos patrones regulares. Por ejemplo, en qué debes fijarte a la hora de diseñar un plan de asignación de activos que sea capaz de minimizar las pérdidas en una fase bajista y maximizar las ganancias cuando el mercado repunte. Pero por el momento, ¡debes sentirte muy satisfecho! Conoces los hechos. Conoces las reglas del juego. Sabes que las correcciones y los períodos bajistas son inevitables y pronto aprenderás a sacarles partido. Estás cada vez más cerca de convertirte en alguien realmente *inquebrantable*.

Lo mejor de todo es que estás tomando el control de tu vida financiera. Estás asumiendo tu responsabilidad. Porque ¿sabes qué? La mayoría de las personas nunca asumen ninguna responsabilidad. En su lugar, prefieren responsabilizar al mercado de cualquier cosa que les pase. *¡Pero el mercado no tiene la culpa!* Si pierdes dinero con el mercado, es por una decisión que tú tomaste; si ganas dinero con el mercado, es por una decisión que tú tomaste. El mercado hará lo que tenga que hacer. Pero tú decides si ganas o pierdes. Tú tienes el control.

En este capítulo has aprendido que, después del invierno financiero, siempre viene la primavera, una lección que te permitirá avanzar sin miedo. O, por lo menos, con mucho menos miedo. El conocimiento nos lleva al entendimiento y, el entendimiento, a la determinación. ¡No serás una de esas personas que retiran su dinero del mercado cuando aparecen las turbulencias! ¡Serás el que sigue jugando durante mucho tiempo, plantando las semillas adecuadas, cultivándolas con paciencia, para luego recoger la cosecha!

Pero en el siguiente capítulo descubrirás que existe algo que sí debes temer: las empresas financieras que cobran unas comisiones escandalosas a cambio de un pésimo rendimiento. Aprenderás que la manera más efectiva de controlar tus finanzas es eliminando esas excesivas —y, a menudo, ocultas— comisiones. ¿En qué te va a beneficiar? Serás capaz de ahorrar, por lo menos, ¡diez años de ingresos! ¿Cómo lo ves? ¿Crees que vale la pena?

Pues pasa la página y destapemos juntos todas estas comisiones ocultas y medias verdades...

CAPÍTULO 3
COMISIONES OCULTAS Y MEDIAS VERDADES

Cómo Wall Street nos engaña para que paguemos de más por un rendimiento inferior al del mercado

«¿El nombre del juego? Mover el dinero del bolsillo de tu cliente al tuyo».

MATTHEW MCCONAUGHEY A LEONARDO DICAPRIO EN *EL LOBO DE WALL STREET*

A menudo le pregunto a la gente: «¿Por qué inviertes?». Recibo una variedad de respuestas, que van desde «grandes ganancias» a «seguridad financiera», «jubilación» e, incluso, «una casa en la playa». Pero, al final, casi todas esas respuestas acaban coincidiendo. *Porque lo que la mayoría de la gente realmente quiere, independientemente del dinero que tengan, es libertad. La libertad de hacer más de lo que les gusta, cuando quieren y con quien quieren.* Se trata de un bonito sueño que es, además, alcanzable. Pero ¿qué pasa si el barco encargado de llevarnos a ese lugar tiene un agujero? ¿Si va llenándose de agua poco a poco hasta que se hunde, mucho antes de llegar a su destino?

Odio tener que decirte esto, pero la mayoría de las personas se encuentran exactamente en esa situación. Ignoran que van a sentir una enorme frustración debido al impacto gradual —pero absolutamente devastador— que tienen las comisiones excesivas sobre su futuro bienestar económico. Lo que más me fastidia es que no tienen ni idea de que esto les está sucediendo. No tienen ninguna sospecha de que están siendo engañados por una industria financiera que les cobra de más de forma encubierta y *sistemática*.

Conoces el viejo dicho «la ignorancia es felicidad»? Bueno, pues déjame decirte que, cuando se trata de tus finanzas, la ignorancia no es felicidad. La ignorancia es sufrimiento y pobreza. ¡La ignorancia es un desastre para ti y tu familia, y felicidad para las compañías financieras que se aprovechan de tu falta de atención!

Este capítulo servirá para arrojar luz sobre el tema de las comisiones y que sepas exactamente lo que está ocurriendo. La gran noticia es que, una vez adquieras este conocimiento, no dejarás que te vuelva a pasar. **¿Por qué es tan importante? ¡Porque las comisiones excesivas pueden acabar con dos tercios de tus ahorros!** Jack Bogle me lo explicó de una manera muy sencilla: «Supongamos que la bolsa de valores ofrece un siete por ciento de rentabilidad durante cincuenta años», comenzó. «Cuando termine ese período», prosiguió, «cada dólar se habrá multiplicado por treinta». Pero un fondo promedio cobra cerca de 2 por ciento anual en concepto de gastos, lo que reduce el rendimiento a un 5 por ciento. A ese ritmo, «lograrás diez dólares de beneficio por cada dólar invertido. Así que, al final, obtendrás diez dólares en lugar de treinta. **¡Invertiste un cien por ciento del capital, asumiste un cien por ciento del riesgo y, sin embargo, conseguiste un treinta y tres por ciento de rentabilidad!**»

¿Te diste cuenta? ¡Perdiste dos tercios de tus ahorros para llenar los bolsillos de administradores de fondos que no corrieron *ningún* riesgo, no invirtieron *nada* de capital y que, a menudo, ofrecen un rendimiento *mediocre*! ¿Quién crees que se comprará ahora la casa en la playa?

Cuando acabes de leer este capítulo, ¡sabrás cómo retomar el control! Al reducir las comisiones al mínimo, ahorrarás más años —o, posiblemente, *décadas*— de ingresos. Este único movimiento acelerará espectacularmente tu viaje hacia la libertad financiera. ¡Te sentirás realmente inquebrantable!

LOS LOBOS DE WALL STREET

Si lo que buscas es la seguridad financiera, lo más obvio es invertir en fondos de inversión. Puede que tu cuñado tuviese la enorme suerte de comprar acciones de Amazon, Google y Apple justo antes de que se disparara el precio. Pero, en general, apostar por acciones individuales es jugar a perder. Hay demasiadas cosas que desconocemos, que pueden salir mal, demasiadas variables en juego. Los fondos de inversión constituyen una alternativa fácil y lógica. Para empezar, tienen la gran ventaja de que permiten una amplia diversificación, lo que ayuda a reducir el riesgo global.

Pero ¿cómo saber cuáles son los mejores fondos? Ciertamente, hay muchos fondos de donde elegir. ¿Por qué hay tantas compañías interesadas en este negocio? Sí, has acertado: ¡porque se trata de algo increíblemente lucrativo!

El problema es que es mucho más rentable para Wall Street que para clientes normales como nosotros. No me malinterpretes. No estoy sugiriendo que la industria se haya creado con la intención de estafarnos. Tampoco que sea un negocio repleto de estafadores y charlatanes. Más bien al contrario, la mayoría de los profesionales de las finanzas son personas inteligentes, trabajadoras y serias. Pero Wall Street se ha transformado en un ecosistema que existe por y para generar dinero para sí mismo. No es una industria diabólica compuesta por individuos infernales. La forman distintas corporaciones cuyo principal objetivo se centra en conseguir el máximo beneficio para sus accionistas. Ese es su trabajo.

Incluso el personal que trabaja con las mejores intenciones está atrapado dentro de este sistema. Están sometidos a una enorme presión para hacer crecer los ingresos y además se les recompensa por ello. Y si a ti —el cliente— también te va bien, ¡genial! Pero no te engañes. ¡Tú no eres su prioridad!

Cuando me entrevisté con David Swensen, director de inversiones de la Universidad de Yale, este me ayudó a entender el pésimo servicio que los fondos de inversión prestan a la mayoría de sus clientes. Swensen es la estrella de la inversión institucional, famoso por haber convertido un portafolio de mil millones en 25.4 mil millones de dólares. También es una de las personas más atentas y sinceras que he tenido el gusto de conocer. Podría abandonar Yale, fundar su propio fondo de inversión de alto riesgo y convertirse en multimillonario, pero su marcado sentido del deber y afán de servicio a su alma máter se lo han impedido. Por eso no me sorprendió ver su consternación por la forma en que muchos fondos maltratan a sus clientes.

Así es como él lo define: **«De manera abrumadora, los fondos de inversión sustraen enormes sumas a los inversionistas por un pésimo servicio».**

¿Qué servicio se supone que deberían suministrar los fondos? Bueno, cuando te conviertes en cliente de un fondo de gestión activa, estás básicamente pagándole al administrador para que genere rendimientos superiores al mercado. Si no, ¿no crees que estarías mucho mejor poniendo tu dinero en un fondo indexado de bajo costo, que esencialmente iguala la rentabilidad del mercado?

Como puedes suponer, las personas responsables de gestionar de forma activa esos fondos no son tontas. Son individuos que aprobaron con excelentes notas los exámenes de matemáticas del colegio, que estudiaron Ciencias Económicas y Contabilidad y cursaron un máster en Administración de Empresas en las más reputadas escuelas de negocios del mundo. ¡Muchos de ellos incluso visten de saco y corbata! Su trabajo consiste en estudiar y seleccionar los mejores valores para incorporarlos a los fondos que administran.

Visto así, ¿qué podría salir mal? Prácticamente todo...

El factor humano

Los administradores de fondos tratan de aportar valor anticipando qué empresas obtendrán los mejores resultados en las próximas semanas, meses o años. Tienen la potestad de evitar o subvalorar sectores (o países) específicos porque creen que no tienen perspectivas atractivas. También pueden aumentar las reservas de efectivo, en caso de que ningún valor valga la pena, o invertir masivamente cuando presientes que se aproxima una temporada alcista. **Pero resulta que estos profesionales no son mucho mejores que nosotros a la hora de adivinar el futuro.** ¡La realidad es que a los seres humanos no se nos da nada bien hacer predicciones! Quizás esa sea la razón por la que no has leído nunca una noticia con el titular: «¡Vidente gana la lotería!»

Comerciar activamente con acciones genera un montón de ocasiones para cometer errores. Por ejemplo, no se trata solo de decidir qué acciones comprar o vender, sino *cuándo* hacerlo. Y cada decisión conduce obligatoriamente a otra. Cuantas más decisiones haya que tomar, más posibilidades de meter la pata.

Para terminar de empeorar las cosas, todas estas transacciones conllevan elevados costos económicos. Cada vez que un fondo realiza una compraventa, una casa de bolsa o empresa de corretaje carga una comisión por ejecutar la orden. Se parece un poco a jugar en un casino: la banca cobra sin importar lo que pase. Así que, al final, ¡la banca siempre gana! En este caso, la banca es una agencia de corredores de bolsa (como la entidad financiera suiza UBS o Merrill Lynch, la división de gestión de patrimonio del Bank of America) que recibe una cantidad cada vez que el administrador del fondo realiza un movimiento. El paso del tiempo convierte esas cantidades en una importante suma. Casualmente me encuentro ahora en un hotel de Las Vegas administrado por mi amigo Steve Wynn, que se hizo multimillonario fundando algunos de los casinos más famosos del mundo. Como dice Steve, ¡es mucho mejor ser el que recibe los tributos que el que los paga!

Al igual que el póquer, invertir es un juego de suma cero: hay una cantidad limitada de fichas en el tablero. Cuando dos personas negocian una acción, siempre hay una que gana y otra que pierde.

Si la acción se revaloriza después de que la hayas comprado, tú ganas. Pero debes conseguir un margen lo suficientemente alto para cubrir los costos de transacción.

¡Espera, que esto empeora! Si la acción sube de precio, tendrás que pagar impuestos sobre las plusvalías que obtengas al venderla. Para los inversionistas de un fondo de gestión activa esa combinación de costos de transacción e impuestos va devorando poco a poco las ganancias. Por ello, para tener ganancias después de comisiones e impuestos, los administradores del fondo deben conseguir márgenes realmente grandes. Y como verás, eso no es fácil.

¿Prefieres mirar para otro lado cuando alguien te habla de impuestos? Sí, lo sé. No es el tema más sexy del mundo. ¡Pero debería serlo! ¡Porque el mayor gasto al que vas a hacer frente en tu vida serán los impuestos y pagar más de lo necesario es de locos, sobre todo cuando es perfectamente evitable! Si no tienes cuidado, los impuestos pueden tener un efecto devastador en tus ingresos.

Entonces, ¿existe un antídoto?

Los fondos indexados adoptan un comportamiento «pasivo» que excluye básicamente toda actividad comercial. En lugar de estar entrando y saliendo del mercado todo el tiempo, simplemente compran y mantienen todas las acciones que conforman un índice como el S&P 500. Esto incluye empresas como Apple, Alphabet, Microsoft, Exxon-Mobil y Johnson & Johnson, actualmente los cinco mejores valores del S&P 500. Los fondos indexados se autoadministran casi por completo: realizan muy pocas transacciones, por lo que los costos asociados son increíblemente bajos. También ahorran una fortuna en otro tipo de gastos. En primer lugar, no pagan cuantiosos salarios a administradores de fondos, ni a sus equipos de analistas con títulos de alguna prestigiosa universidad.

Un fondo indexado te protege contra todas las decisiones impulsivas, equivocadas o desafortunadas que son susceptibles de tomar los administradores de fondos activos. Por ejemplo, es posible que uno de estos administradores guarde una parte de los activos del fondo en efectivo, tanto por si surge alguna oportunidad atractiva, como por si hubiera que responder a peticiones de devoluciones de inversionistas que quisieran deshacerse de su participación en el fondo. Contar con algo de efectivo no es una mala idea y resulta práctico si el mercado cae. Pero el dinero en efectivo no genera beneficios, por lo que, a la larga, rendirá menos que las acciones, suponiendo que la bolsa tenga una tendencia alcista. En últimas, los costos resultantes por capital no invertido (*cash drag*) afectarán de forma negativa el rendimiento de los fondos gestionados activamente.

¿Y qué hacen los fondos indexados? Pues, al contrario de los fondos de gestión activa, mantienen prácticamente todos sus activos invertidos.

«BUENA SUERTE CON ESO»

¿Por qué resulta tan complicado saber cuál es el momento justo para comprar o vender acciones? ¿Ese que nos permite beneficiarnos de las subidas del mercado y evitar sus caídas? Muchas personas creen que para ganar basta con acertar más de la mitad de las veces, pero no es así. Un extenso estudio del premio Nobel de Economía William Sharpe demostró que es necesario dar en el clavo entre el *69 y el 91 por ciento de las ocasiones*, algo prácticamente imposible.

En otro estudio de referencia, los investigadores Richard Bauer y Julie Dahlquist examinaron más de un millón de operaciones bursátiles entre los años 1926 y 1999, enfocándose en el momento en que fueron hechas. *La conclusión a la que llegaron fue que la opción de mantenerse en el mercado (mediante un fondo indexado de gestión pasiva) lograba mayor rendimiento que más del 80 por ciento de las estrategias del llamado «market timing».*

Si sientes una gran rabia ahora mismo, te entiendo perfectamente. Probablemente te estés preguntando: «¿Qué demonios adquiero realmente cuando invierto en un fondo de gestión activa?». Bueno, lo más probable es que estés comprando ¡una mezcla explosiva de errores humanos y altas comisiones! No es de extrañar que David Swensen se muestre tan escéptico acerca de las probabilidades de alcanzar la libertad financiera a través de fondos de gestión activa. **Él mismo advierte: «Cuando observas los resultados después de comisiones e impuestos durante períodos de tiempo razonablemente largos, te das cuenta de que es casi imposible que puedas superar al fondo indexado».**

Obtienes aquello por lo que has pagado, excepto cuando no es así

> *«El sector de los fondos de inversión es hoy día la mayor operación fraudulenta del mundo: una apetitosa torta de siete billones de dólares de la que los administradores de fondos, corredores y semejantes se sirven una enorme porción, compuesta por nuestros ahorros para la casa, la universidad y la jubilación».*

SENADOR PETER FITZGERALD, COPATROCINADOR DE LA LEY DE REFORMA DE LOS FONDOS DE INVERSIÓN DE 2004 (REPROBADA POR LA COMISIÓN DE BANCA DEL SENADO).

De adolescente, de vez en cuando invitaba a alguna chica a salir al Denny's. Tenía tan poco dinero que pedía un té helado y fingía que había comido antes. ¡La realidad es que no podía permitirme pagar dos cenas! La experiencia de haberme criado sin muchos recursos me hizo ser muy consciente de la diferencia entre lo que las cosas deberían costar y lo que de verdad cuestan. Si vas a un buen restaurante a disfrutar de una fantástica comida, lo que te esperas es que sea caro. De acuerdo. Pero ¿pagarías veinte dólares por un taco que vale dos? ¡De ninguna manera! Permíteme decirte que eso es lo que la mayoría de las personas hacen cuando invierten su dinero en un fondo de gestión activa.

> *«Tienes que leer la letra pequeña con mucho cuidado. Por cierto, detesto todo aquello que la lleva».*

JACK BOGLE

¿Has intentado alguna vez calcular las comisiones reales que pagas por los fondos en los que participas? Si la respuesta es sí, probablemente te hayas fijado en el ítem «relación de gastos» o «gastos totales», que contempla los honorarios de asesoría, costos administrativos tales como envíos postales y gestión de archivos, además de los imprescindibles gastos de oficina que incluyen, entre otros, refrescos y capuchinos gratis. Un fondo convencional que invierte en acciones puede presentar una relación de gastos de entre 1 a 1.5 por ciento. ¡Lo que probablemente no sepas es que esto solo es el principio!

Hace unos años, *Forbes* publicó un fascinante artículo titulado «El verdadero costo de participar en un fondo de inversión», que revelaba lo caro que puede llegar a ser un fondo. Como apunta el autor, no te enfrentas únicamente a la relación de gastos, que la revista estimó de forma conservadora en menos de un 1 por ciento (0.9 por ciento) anual. También estás obligado a pagar un dineral por los «costos transaccionales» (las comisiones que abona el fondo al comprar o vender acciones), que *Forbes* calcula en un 1.44 por ciento anual. Sin olvidar los «costos de capital no invertido» (*cash drag*), que suponen alrededor de un 0.83 por ciento anual.

¿La suma total? **¡Gastos que alcanzan el 3.17 por ciento anual!** **¡Y esto es sin impuestos!** ¡En comparación, la opción de pagar veinte dólares por un taco empieza a parecer una auténtica ganga!

Espero que estés prestando toda la atención, ¡porque conocer la existencia de estas comisiones ocultas puede ayudarte a ahorrar una fortuna! Pero si estás leyendo esto y piensas: «Vale, pero hablamos solo de un tres por ciento anual. ¿Qué significa ese pequeño porcentaje cuando estamos entre amigos?».

SÚMALOS	
Cuenta no gravada	**Cuenta gravada**
Relación de gastos, 0.90%	Relación de gastos, 0.90%
Costos de transacciones, 1.44%	Costos de transacciones, 1.44%
Costos de capital no invertido, 0.83%	Costos de capital no invertido, 0.83%
-	Impuestos, 1.00%
Costos totales, 3.17%	Costos totales, 4.17%

Fuente: "The Real Cost of Owning a Mutual Fund", *Forbes*, 4 de abril de 2011

Es cierto que, a primera vista, las cifras pueden parecen bajas. Pero si te pones a calcular lo que supone soportar unos gastos elevados durante muchos años, te quedarás helado.

Dicho de otra manera: ¡un fondo de gestión activa que te cobra un tres por ciento anual es sesenta veces más caro que un fondo indexado que te cobra un 0.05 por ciento! Imagina que vas con una amiga a tomarte un café. Ella pide un *caffé latte* por el que paga $ 4.15 dólares. Pero tú decides que no te importa pagar sesenta veces más. El precio resultante: ¡249 dólares! Supongo que lo pensarías dos veces antes de hacer algo así.

Si piensas que estoy exagerando, echemos un vistazo al ejemplo de dos vecinos de nombre Joe y David. Los dos tienen 35 años y cuentan con unos ahorros de $ 100 000 dólares que quieren invertir. Durante los siguientes treinta años a ambos les sonríe la fortuna y logran una rentabilidad neta del 8 por ciento anual. Joe lo consigue poniendo su dinero en un fondo indexado que le cobra un 0.5 por ciento al año en comisiones. Y David, participando en un fondo de gestión activa con un 2 por ciento de comisión anual. (Estoy siendo generoso suponiendo que los fondos de gestión activa igualan en rendimiento a los indexados).

Mira los resultados en el siguiente gráfico. Cuando Joe cumpla 65 años, sus ahorros habrán crecido de $ 100 000 a aproximadamente $ 865 000 dólares. Los de David, en cambio, habrán aumentado de $ 100 000 hasta alcanzar solo $ 548 000 dólares. Los dos se habrán beneficiado de la misma tasa de retorno, pero habrán pagado distintas comisiones. ¿El resultado? Joe dispondrá de un 58 por ciento más de dinero, un extra de $ 317 000 dólares para la jubilación.

El gráfico muestra también lo que ocurre cuando estos dos vecinos comienzan a retirar $ 60 000 dólares al año para mantenerse una vez jubilados. David agota sus ahorros con 79 años. Pero la experiencia de Joe es completamente diferente. **Se puede permitir retirar $ 80 000 dólares anuales —un 33 por ciento más— y aun así, el dinero le dura ¡hasta los 88 años!** Esperemos que Joe deje que David viva en su sótano. Gratis.

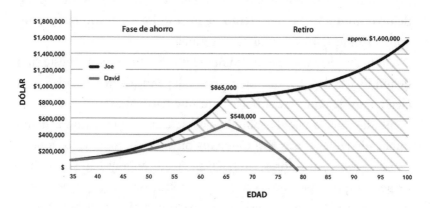

¿Entiendes ahora por qué es tan importante prestar atención a los gastos inherentes a las inversiones? Es lo que marca la diferencia entre la pobreza y el bienestar, la tristeza y la felicidad.

Pagar de más por un pobre rendimiento: la mayor estafa del mundo

Seguramente nunca pensaste que ibas a plantearle a alguien esta pregunta: ¿Cómo puedo encontrar un administrador de fondos que no solo me cobre escandalosas comisiones, sino que también me ofrezca un pobre rendimiento? No te preocupes. El sector de los servicios financieros está lleno de esos. ¡Si hay algo que abunda son los administradores de fondos que cobran de más por rendir poco!

Eso es lo increíble. No se trata solo de que los fondos de gestión activa cobran comisiones excesivas a sus clientes. Es que su rendimiento a largo plazo es deplorable. Es como si te insultaran por partida doble. Imagina que hubieras pagado $ 249 dólares por ese *caffé latte*, le hubieras dado un sorbo y hubieras descubierto que la leche estaba cortada.

Uno de los estudios más impactantes que he visto sobre el tema es el que llevó a cabo el experto en la industria Robert Arnott, fundador de Research Affiliates. Realizó un análisis exhaustivo de los 203 fondos de gestión activa que contaban con un patrimonio de, por lo menos, 100 millones de dólares, monitorizando su rentabilidad durante un período de quince años comprendido entre 1984 y 1998. ¿Y sabes lo que descubrió? ***Que solo ocho de esos 203 fondos fueron capaces de*** *superar al índice S&P 500.* ¡Eso es menos de un 4 por ciento! Dicho de otro modo: ¡el 96 por ciento de los fondos de gestión activa no aportaron ningún valor en quince años!

Si persistes en la idea de comprar una participación en este tipo de fondo, has de saber que tu inversión depende de tu capacidad para elegir uno de entre ese 4 por ciento que batió al mercado. Esto me recuerda a una analogía sobre juegos de azar que leí en un artículo publicado en la revista *Fast Company* titulado «El mito de los fondos de inversión». Sus autores, Chip y Dan Heath, subrayaban la sinrazón de pensar que es posible acertar con un fondo de ese grupo del cuatro por ciento: «Es como si jugaras una partida de Black Jack, te tocara una mano inicial de dos figuras (cada figura vale diez, así que cuentas con un total de veinte puntos) y fueras tan idiota de ir a pedir carta: tus probabilidades de ganar serían del 8 por ciento».

No sé tú, ¡pero yo prefiero no ser tan idiota! Así que, ¿por qué jugártela a ver si eres capaz de dar con esa escasa minoría de administradores de fondos que conseguirán superar al mercado durante muchos años?

Puede que seas alguien muy aplicado al que le encanta leer el *Wall Street Journal* y Morningstar en busca del glorioso fondo cinco estrellas, ese que ofrece la mayor rentabilidad. **Pues debes saber que aquí también hay un problema que solo unos pocos advierten: los que vencen hoy son casi siempre los que pierden mañana.** El *Wall Street Journal* escribió un artículo sobre un estudio que había analizado el rendimiento a diez años de los fondos que en 1999 habían sido clasificados «cinco estrellas» por Morningstar. ¿Cuál fue la conclusión a la que llegaron los investigadores? «De los 248 fondos de inversión que contaban con cinco estrellas, solo cuatro las conservaron diez años más tarde». A este fenómeno se le conoce como «reversión a la media»: una forma elegante de decir que lo que vuela muy alto termina por caer, volviendo a la mediocridad.

Por desgracia, hay mucha gente que elige invertir en esta clase de fondos sin saber que están cayendo en la trampa de comprar lo que está de moda, normalmente justo antes de que ya no lo esté. David

Swensen lo explica de esta manera: «**A nadie le gusta decir que tiene su dinero invertido en fondos de una o dos estrellas. Prefieren invertir en fondos de cuatro y cinco estrellas y presumir de ello en la oficina.** Pero los fondos de cuatro y cinco estrellas son aquellos que han obtenido buenos resultados en el pasado, lo que no significa que sigan obteniéndolos en el futuro. Si inviertes de forma sistemática en fondos que han rendido bien y vendes tu participación en los que lo han hecho mal, lo más probable es que obtengas un bajo rendimiento».

¿PODRÍA EMPEORAR MÁS?

Las compañías de fondos de inversión tienen fama de crear un montón de fondos con la esperanza de que unos pocos logren un rendimiento superior. Entonces cierran todos los fondos que no han destacado y centran sus esfuerzos en promocionar los que lo han hecho bien. A fin de cuentas, no se puede vender un fondo con base en rentabilidades pasadas si estas son pésimas, no importa lo bonito que sea el folleto. Jack Bogle lo explica de la siguiente manera: «Una empresa creará, por ejemplo, cinco fondos de inversión. Hará todo lo posible para que funcionen bien. Al final solo uno lo consigue. Entonces eliminan los cuatro que han fracasado y promocionan el fondo ganador con base en su excelente historial».

Bogle añade que, si se crean los suficientes fondos, siempre habrá alguno que, por estadística, obtenga excelentes resultados: «**Tony, si metes 1024 gorilas en un gimnasio y les enseñas a lanzar una moneda, a alguno le saldrá cara diez veces seguidas. A eso se le suele llamar suerte, pero cuando ocurre en el mundo de los fondos de inversión, ¡lo llamamos ingenio!**».

¿Quiere esto decir que es imposible superar al mercado durante largos períodos de tiempo? No. Resulta extremadamente difícil, pero existen unos cuantos «unicornios» que han sido capaces de rendir más que el mercado a lo largo de varias décadas. Se trata de superestrellas de la talla de Warren Buffett, Ray Dalio, Carl Icahn y Paul Tudor Jones: personas tremendamente inteligentes, que poseen un carácter que les permite estar tranquilos y comportarse de forma racional cuando los mercados implosionan y la mayor parte de la gente enloquece. Una de las razones por las que siempre triunfan es porque basan sus decisiones de inversión en un profundo conocimiento de las probabilidades de éxito, dejando de lado las emociones, los deseos o la suerte.

Pero los grandes fondos de alto riesgo que administran la mayoría de los unicornios están cerrados para nuevos inversionistas. Por citar un ejemplo, Ray Dalio ponía antes como condición que los inversionistas debían contar con un patrimonio neto de, por lo menos, cinco mil millones de dólares, y confiarle un capital mínimo de cien millones de dólares. Hoy ya no admite a nadie más, no importa cuánto dinero tengas.

Cuando le pregunté a Ray sobre la dificultad de superar al mercado a largo plazo, no se anduvo con rodeos. «No vas a batir al mercado», me respondió. «Competir en los mercados es más complicado que ganar las Olimpiadas. Hay mucha más gente intentándolo y la recompensa, si lo consigues, es mucho mayor. Al igual que en los Juegos Olímpicos, solo un pequeño porcentaje de los participantes obtendrán alguna medalla, el problema es que la mayoría de los inversionistas creen que serán ellos. Antes de intentar superar al mercado debes, por una parte, aceptar que la probabilidad de éxito es extremadamente baja y, por la otra, plantearte si te has entrenado y preparado lo suficiente como para ser uno de los pocos que logran ganar».

No puedes ignorar el hecho de que uno de los gigantes que han conseguido vencer al mercado durante décadas te diga que no te molestes siquiera en intentarlo y que, en su lugar, te matricules en un fondo indexado.

También Warren Buffett, capaz de aventajar al mercado por un amplio margen, aconseja a los particulares que inviertan en fondos indexados y eviten así el enorme costo que pueden suponer unas comisiones excesivas. Con el fin de demostrar su teoría de que prácticamente todos los gestores de fondos activos rinden, a largo plazo, por debajo de los fondos indexados, hizo en 2008 una apuesta de un millón de dólares con una empresa de Nueva York llamada Protégé Partners. Buffett retó a Protégé a seleccionar los cinco mejores administradores de fondos de alto riesgo que, de manera colectiva, fueran capaces de superar al índice S&P 500 en un período de diez años.

¿Y qué fue lo que ocurrió? Ocho años más tarde, la revista *Fortune* publicó que el grupo de fondos de alto riesgo solo se había valorizado un 21.87 por ciento frente al 65.67 por ciento del S&P 500. La batalla todavía no ha concluido. Aunque, por ahora, es como si los administradores de fondos activos estuvieran compitiendo en una carrera a tres pies tratando de alcanzar a Usain Bolt, el hombre más rápido del mundo.

Entretanto, Buffett ha comentado que dio instrucciones para que, a su muerte, el dinero que le deja en herencia a su esposa sea invertido en fondos indexados de bajo costo. ¿Su explicación? «Creo que, a largo plazo, el resultado de esta estrategia será mejor que el de la que siguen la mayoría de los inversionistas —ya sean fondos de pensiones, instituciones o particulares— que emplean administradores que cobran altas comisiones».

¡Incluso desde la perspectiva de pasar a mejor vida, Buffett se muestra absolutamente convencido de evitar a toda costa el efecto corrosivo de los elevados costos de gestión!

Excelente consejo del mismísimo oráculo de Omaha.

¿Recuerdas cuando dije que el conocimiento es, simplemente, un poder *potencial*? Solo posees verdadero poder cuando actúas con base en el conocimiento. A lo largo de este capítulo aprendiste que las comisiones pueden afectar increíblemente tu futuro financiero. Pero ¿qué vas a hacer con este conocimiento? ¿Actuarás en consecuencia y te beneficiarás de él?

Imagínate por un momento que dejas de invertir en los fondos de gestión activa que te cobran comisiones exorbitantes. Y, en su lugar, empiezas a poner tu dinero en fondos indexados de bajo costo. ¿Cuál es el resultado? Como mínimo, calculo que podrías rebajar los gastos asociados a tu fondo en un uno por ciento anual. Pero, como ya sabes, este no es el único beneficio que conlleva cambiarse a un fondo indexado. **Imaginemos que tus fondos indexados superan en rentabilidad a los fondos de gestión activa en un uno por ciento anual. En total, habrás añadido un dos por ciento anual a tus ingresos. Solo con esto recibirás veinte años más de renta en tu jubilación.**[7]

¿Entiendes ahora todo el poder que puedes ejercer sobre tu futuro financiero? Utiliza ese poder para reducir sustancialmente tus costos. ¡Esto te ayudará enormemente a convertirte en alguien inquebrantable!

¿Cuál es nuestra próxima parada? Antes de centrarnos en el manual para la inversión, nos queda todavía una valiosa lección por cubrir: cómo encontrar asesoría financiera experta y libre de conflictos que acelere nuestro viaje al éxito financiero.

Aprenderás a evitar a esos vendedores disfrazados que se enriquecen a costa de ofrecer una asesoría que solo les beneficia a ellos. Como verás más adelante, elegir a un asesor adecuado puede suponer la diferencia entre la pobreza y la riqueza, la inseguridad y la libertad. La decisión es tuya.

Así que ahora vamos a averiguar: ¿en quién puedes confiar realmente?

---

[7] Se parte del supuesto de que hay dos inversionistas con una inversión inicial de $ 100 000 dólares cada uno, que obtienen la misma rentabilidad de 8 por ciento anual a lo largo de treinta años, pero uno de ellos paga un 1 por ciento y el otro, un 2 por ciento de comisiones. Asumiendo que ambos retiran la misma cantidad al jubilarse, el inversionista que pagó un 2 por ciento de comisiones se quedará sin dinero diez años antes.

CAPÍTULO 4

¿EN QUIÉN PODEMOS CONFIAR?

Los trucos de la industria

«*Es difícil lograr que un hombre entienda algo cuando su sueldo depende de que no lo entienda*».

UPTON SINCLAIR

Cuando le pregunto a la gente cómo está, la respuesta que más veces escucho es «muy ocupado». Nos encontramos en una época en la que todos vamos a mil por hora. Así que no resulta sorprendente que cada vez seamos más las personas interesadas en recibir asesoría especializada que nos ayude a alcanzar la libertad financiera. Entre 2010 y 2015, el porcentaje de la población estadounidense que contrató algún servicio de asesoría financiera se multiplicó por dos. **Hoy en día, más del 40 por ciento de los estadounidenses cuenta con un asesor en la materia. Y cuanto más dinero se tiene, más necesario resulta que alguien nos aconseje qué hacer con él: el 81 por ciento de las personas con más de cinco millones de dólares disponen de asesoría financiera.**

¿Pero dónde encuentras a un asesor en el que puedas confiar y que, además, merezca tu confianza?

¡Es increíble la cantidad de gente que *desconfía* de la persona que le brinda consejo financiero! **Un estudio llevado a cabo en 2016 por el Certified Financial Planner Board of Standards (organización sin ánimo de lucro) descubrió que el 60 por ciento de los encuestados «creía que los asesores financieros actuaban pensando más en el interés de su empresa que en el de sus clientes».** Esta cifra ha escalado desde un 25 por ciento en 2010.[8] **Veámoslo desde una perspectiva más amplia: mientras que el índice de aprobación del Congreso alcanza un (de por sí pobre) 20 por ciento,[9] apenas un *10 por ciento* de los estadounidenses dicen confiar en las instituciones financieras.** Es difícil encontrar otro sector en el cual los clientes sientan tanta desconfianza, a excepción quizás del de los automóviles de segunda mano.

¿A qué se debe esta gran falta de confianza? Bueno, no resulta especialmente fácil fiarse de un sector que protagoniza un escándalo tras otro en los medios de comunicación. **Si te fijas en el cuadro del «salón de la vergüenza» que sigue a continuación, verás que diez de las mayores compañías financieras del mundo han tenido que abonar $ 179.5 mil millones de dólares por acuerdos judiciales en los siete años comprendidos entre 2009 y 2015.** De entre todos destacan los cuatro mayores bancos de los Estados Unidos (Bank of America, JPMorgan Chase, Citigroup y Wells Fargo), *que firmaron ochenta y ocho acuerdos* por una cantidad total de ¡*145.84 mil millones de dólares*!

---

[8] Participant Trust and Engagement Study», National Association of Retirement Plan Participants (2016), www.ireachcontent.com/news-releases/consumer-trust-in-financial-institutions-hits-an-all-time-low-575677131.html
[9] Congressional Job Approval Ratings Trend (1974–Present)», Gallup.

SALÓN DE LA VERGÜENZA

Acuerdos corporativos		
Compañía	Acuerdos totales	Cantidades pagadas (mil millones)
Bank of America	34	77.09
JPMorgan Chase	26	40.12
Citigroup	18	18.39
Wells Fargo	10	10.24
BNP Paribas	1	8.90
UBS	8	6.54
Deutsche Bank	4	5.53
Morgan Stanley	7	4.78
Barclays	7	4.23
Credit Suisse	4	3.74

Fuente: Keefe, Bruyette & Woods.

Algunas de las historias que se esconden detrás de estos acuerdos son tan escandalosas que resultarán muy difíciles de creer. A continuación, mostramos cuatro titulares de periódicos que hemos leído en los últimos meses:

- «Bank of America desembolsa $ 415 millones de dólares para poner fin a investigación de la SEC (Comisión de Bolsa y Valores de Estados Unidos)»: el *Wall Street Journal* denuncia que la agencia de corredores de bolsa del banco, Merrill Lynch, «hizo un uso indebido del efectivo y valores de sus clientes para generar beneficio propio, poniendo en riesgo ¡58 mil millones de dólares en activos».

- «Citigroup multado por amañar índices de referencia, pero evita cargos penales»: *The New York Times* informa que el banco pagó una multa de $ 425 millones de dólares por manipular las tasas de interés de referencia entre los años 2007 y 2012. El motivo de Citigroup: «mejorar sus posiciones en el mercado en detrimento de sus socios comerciales y clientes».

- «Exempleados de Barclays son declarados culpables de manipular el LIBOR»: el *USA Today* revela que tres antiguos empleados del Barclays conspiraron «para amañar un indicador financiero de referencia mundial utilizado para calcular los intereses de billones de dólares en hipotecas y otros préstamos». ¿Entiendes? ¡*Billones*, con *b*!

- «Wells Fargo, sancionado con multa de $ 185 millones de dólares por abrir cuentas de forma fraudulenta»: *The New York Times* publicó que trabajadores del banco «abrieron cerca de millón y medio de cuentas bancarias y solicitaron 565 000 tarjetas de crédito» ¡*sin el consentimiento del cliente*! El banco despidió al menos a 5300 empleados implicados en este escándalo.

¿Cómo podemos poner nuestro futuro financiero en manos de personas que trabajan en un sector con un, más que *probado*, historial de anteponer siempre sus propios intereses a los de sus clientes? ¿Cómo podemos estar seguros de que no nos van a engañar, que no se van a aprovechar ni van a abusar de nosotros?

Después de todo, no estamos hablando de unos operadores marginales de dudosa reputación. ¡Son —o *han sido*— algunos de los más respetados y destacados colosos del sector! Por ejemplo, Wells Fargo fue considerado durante mucho tiempo uno de los bancos mejor manejados del mundo. Sin embargo, su director ejecutivo fue obligado a dimitir por el escándalo de las cuentas falsas y a renunciar a 41 millones de dólares en opciones sobre acciones que había recibido como premio por su desempeño.

En este momento quiero ser absolutamente claro. No estoy criticando a nadie que trabaje en el sector financiero o para estas empresas en particular. No creo que el director ejecutivo de Wells Fargo supiera de este tipo de irregularidades dentro de su gigantesca compañía, con más de un cuarto de millón de asalariados. Mantener el orden en empresas con estas dimensiones es casi misión imposible. Tengo un montón de amigos y clientes en el sector financiero, por lo que hablo con conocimiento de causa cuando digo que estas personas — y la gran mayoría de sus colegas— son gente honrada. Poseen un buen corazón y siempre actúan con la mejor de las intenciones.

El problema radica en que trabajan para un sistema sobre el que no tienen ningún control; un sistema que ofrece incentivos financieros tremendamente poderosos para aumentar los beneficios por encima de todo. Es un entorno que recompensa generosamente a los empleados que colocan en primer lugar los intereses de su empresa, en segundo lugar los suyos propios, y los de sus clientes en un lejano tercer lugar. Y para gente normal como nosotros, esto no es nada bueno, a menos que sepamos reconocer sus triquiñuelas.

«Puedes confiar en mí»... ¡para que me aproveche de ti!

Antes de seguir, creo que vale la pena que paremos un momento a analizar el lugar que ocupan los asesores financieros en este sector hambriento de beneficios y que veamos qué es exactamente lo que hacen. Estos asesores operan en un mundo donde nada es lo que parece. Así que resulta lógico que se escondan bajo una variedad de nombres distintos que, a menudo, ¡solo sirven para confundir!

De acuerdo con el *Wall Street Journal*, existen más de doscientos términos para designar a un asesor financiero: «consultor financiero», «gestor patrimonial», «asesor financiero», «consultor de inversión», «asesor patrimonial» y (por si todavía no nos parecía lo suficientemente exclusivo) «asesor de patrimonios personales». Todas estas denominaciones solo son diferentes maneras de decir: «¡Soy respetable! ¡Soy profesional! ¡Claro que puedes confiar en mí!».

Independientemente del título, debes saber que el 90 por ciento de los 310 000 asesores financieros que hay en Estados Unidos son simples corredores de bolsa. En otras palabras, cobran honorarios por vender productos financieros a gente como tú y yo.

¿Por qué esto es tan importante? Porque tienen especial interés en ofrecernos productos caros, como fondos de inversión de gestión activa, seguros de vida vitalicios, seguros de renta variable y cuentas de cobertura. A cambio reciben una comisión única de venta o, mejor aún (para ellos), cuotas periódicas anuales. Un corredor que trabaje para una compañía importante puede estar obligado a generar, como mínimo, medio millón de dólares al año en ventas. Así que da igual el título: se trata de vendedores que viven bajo una intensa presión para producir beneficios. Si hacerse llamar consultores financieros o asesores de patrimonios personales les sirve para alcanzar sus ambiciosos objetivos de venta, adelante. Si en su lugar resultase más efectivo ser conocidos como magos, duendes o elfos, también estaría bien.

¿Significa esto que están siendo deshonestos? Para nada. Significa que trabajan para la banca. Y recuerda: la banca siempre gana. Es muy probable que nuestro corredor sea una persona sincera e íntegra, el problema es que fue entrenado para vender determinados productos. Por ese motivo deberías asumir que cualquier cosa que te vendan siempre beneficiará a la banca antes que a ti. **Los clientes más curtidos saben que esto es un procedimiento operativo estándar: una encuesta reveló que el 42 por ciento de los clientes ultrarricos piensan que su asesor está más preocupado por vender productos ¡que por ayudarles a ellos!**

Warren Buffett suele bromear con que nunca le preguntes a un peluquero si necesitas un corte de pelo. Bueno, los corredores son los peluqueros de las finanzas. ¡Fueron especialmente entrenados para vender y reciben incentivos por cumplir objetivos, independientemente de nuestras necesidades reales! No es una crítica. Es un hecho.

También quiero dejar claro que mi propósito no es criticar ni satanizar a las compañías financieras que dan empleo a estos corredores. ¿Han cometido estas empresas alguno que otro acto estúpido, poco ético o ilegal? Seguro que sí. Pero no son malvadas. **¡Nunca han tenido la intención de sabotear el sistema económico mundial! Hacen lo que se les incentiva a hacer, que es satisfacer las necesidades de sus accionistas. ¿Cuáles son esas necesidades? Mayores beneficios. ¿Y qué es lo que genera mayores beneficios? Más comisiones. Por lo que si logran encontrar algún vacío legal para aumentar las comisiones, lo harán, porque han sido incentivadas para hacerlo.**

Podrías pensar que todos estos astronómicos acuerdos judiciales tendrían un efecto disuasorio y que las compañías corregirían su conducta. **Pero las multas impuestas representan apenas unas migajas**

para estos colosos financieros. Bank of America tuvo que desembolsar $ 415 millones de dólares por un uso indebido del patrimonio de sus clientes. ¡Menudo problema! En un trimestre del año 2015, el banco obtuvo unos beneficios de $ 5.3 mil millones de dólares. ¡Eso son solo doce semanas! Para empresas con tanto dinero, estas sanciones son solo un gasto corriente derivado de su actividad comercial, el equivalente a una multa de estacionamiento para la gente normal.

En lugar de poner fin a estas prácticas, estas compañías buscan la manera de realzar su imagen de marca a través de hábiles campañas publicitarias que ilustran veleros de ensueño y románticos paseos por la playa. ¿Por qué te cuento esto? Porque hemos sido condicionados a confiar en las marcas. Necesitamos liberarnos y aprender a diferenciar la realidad de una ilusión. Es la única manera de defendernos de esta poderosa organización que solo se mueve por el interés propio.

Me enfurece y me entristece que el sistema financiero esté tan viciado. Pero estos sentimientos no evitarán que se aprovechen de ti. Conocer la manera en que el sistema puede operar en tu contra, sí. **Si no sabes qué es lo que incentiva a tu asesor, puede llegar un momento en que descubras que aportaste grandes beneficios a su futuro financiero, a la vez que torpedeabas el tuyo.**

Este capítulo te enseñará a moverte por un campo lleno de minas. También te proporcionará la capacidad de juzgar la idoneidad de un asesor con base en hechos y no en lo simpáticos o amables que sean. Es fácil dejarnos convencer por personas que nos resultan agradables, especialmente si se muestran sinceras. Recuerda: las personas pueden ser sinceras y estar sinceramente equivocadas.

Quizás te preguntes si realmente necesitas a alguien que te asesore. En caso de que decidas gestionar tus propias finanzas, este libro, junto con *Dinero: domina el juego*, te facilitarán el camino hacia tus objetivos. Aunque, según mi experiencia, un buen consejero financiero puede ser una ayuda fundamental en todos los temas relacionados con inversiones, impuestos y seguros. Proporcionan una asesoría integral que resulta realmente invaluable. Si no lo ves claro, mira el estudio de Vanguard que sigue a continuación.

En mi caso, recibir consejos profesionales ha significado un punto de inflexión en mi vida. Gracias a ellos, he podido ahorrar una enorme cantidad de tiempo y dinero. Me considero una persona capaz y me enorgullezco de entender las reglas básicas de todo aquello en lo que estoy metido, ¡pero no estoy en la labor de complicarme la vida más de lo necesario!

¿NO CREES EN LAS VENTAJAS DE CONTAR CON UNA ASESORÍA ADECUADA?

Mientras que una mala asesoría puede hacer mucho daño a tu salud financiera, una que esté bien planteada puede valer su peso en oro. Un reciente estudio de Vanguard analizó el valor monetario exacto que un asesor puede aportar a tus inversiones.

- Reducción de la relación de gastos totales: 45 puntos básicos (0.45 por ciento) ahorrados
- Reajuste de la cartera de inversión: 35 puntos básicos (0.35 por ciento) de incremento en el rendimiento
- Asignación de activos: 75 puntos básicos (0.75 por ciento) de incremento en el rendimiento
- Retirada de las inversiones adecuadas en la jubilación: 70 puntos básicos (0.70 por ciento) ahorrados
- Asesoría emocional: 150 puntos básicos (1.50 por ciento) en hacer las veces de psicólogo

Importe total: ¡3.75 por ciento de valor añadido! Más del triple de lo que un consejero profesional te cobraría. Y por cierto, esto no incluye lo que te ahorrarías en impuestos y otras cuestiones. Estudio de Vanguard titulado «Putting a value on your value: quantifying Vanguard Advisor's Alpha», realizado por Francis M. Kinniry Jr. *et al.*, en septiembre de 2016.

CÓMO ENCONTRAR AL ASESOR MÁS ACORDE A TUS NECESIDADES

«La competencia es un ave tan rara en estos lares, que cada vez que la encuentro la aprecio con gusto».

Frank Underwood, *House of Cards*

Lo mejor que puedes hacer es contratar a un asesor independiente que se comporte como un auténtico fiduciario, es decir, que cumpla con el deber de actuar exclusivamente en beneficio de aquellos a quienes representa. ¿Pero cómo sabes cuál es el que más te conviene?

Como podrás observar en la siguiente ilustración, no todos los asesores independientes son iguales. No basta con encontrar a alguien que esté obligado por ley a anteponer tus intereses a los suyos. También es necesario que posea experiencia financiera y una alta calificación. En otras palabras, tu asesor debería estar ubicado en el cuadrante superior derecho del gráfico: nivel fiduciario alto con mucha experiencia. Esto es diametralmente opuesto al cuadrante inferior izquierdo, donde se sitúan los vendedores con poca experiencia.

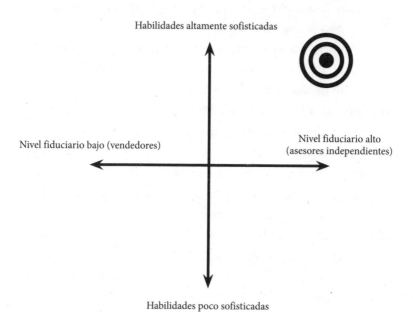

¿Cómo puedes saber si un asesor independiente tiene las aptitudes y la experiencia que tú necesitas? Cuando te encuentres en el proceso de selección, aplica estos cinco criterios:

1. **Primero, comprueba sus credenciales.** Necesitas asegurarte de que esa persona, o alguien de su equipo, dispone de la cualificación requerida para hacer el trabajo que tú necesitas. No me refiero a títulos rimbombantes. Hablo de credenciales profesionales concretas. Si lo que quieres es que alguien te eche una mano con la planificación, comprueba que cuente con un asesor financiero certificado en el equipo. Si es ayuda legal, chequea que haya un abogado especializado en planificación patrimonial. ¿Buscas a alguien que te asesore fiscalmente? Verifica que haya a bordo un experto contable acreditado.

   Estas credenciales no garantizan un desempeño de alto nivel. Pero es importante que sepas si los asesores que estás considerando cuentan con el mínimo nivel de competencia para ejercer en las áreas pertinentes.

2. Lo mejor sería involucrar a más de una persona en el diseño de tu estrategia de inversión. Necesitas a alguien que te ayude, en el transcurso de los años, a aumentar tu riqueza, que te enseñe a ahorrar dinero con la hipoteca, con los seguros, con los impuestos... y que, además, te diga cómo organizar y proteger tu herencia. **Puede parecer mucho, ¡pero solo en lo que tiene que ver con impuestos consigues una diferencia del 30 al 50 por ciento en el rendimiento total de tu inversión!**

   Me resulta irónico ver anuncios sobre gestión de patrimonio que solo ofrecen la creación de una cartera de inversión. Es mejor contratar a una persona que sepa cómo hacerte crecer con el paso del tiempo. Así que asegúrate de que dispone de los recursos para hacerlo, aunque tú vayas a empezar con poco. Y recuerda que el tamaño sí importa. No sería conveniente que acabaras con un asesor honesto pero inexperto, acostumbrado a gestionar pequeñas cantidades para unos pocos clientes.

3. Lo siguiente que te interesa comprobar es si tu asesor tiene experiencia trabajando con gente como tú. ¿Cuenta con un historial que demuestre su buen rendimiento con clientes en tu misma situación, con tus mismas necesidades? Por ejemplo, si tu objetivo primordial es generar la suficiente riqueza como para poder dejar de trabajar, necesitarás a un experto en planes de jubilación. **Sin embargo, una encuesta anónima llevada a cabo por el *Journal of Financial Planning* reveló que ¡el 46 por ciento de los asesores consultados carecían de un plan de jubilación propio! ¡No me lo puedo creer! ¡Es como si alguien que se dedicara al entrenamiento personal no hubiera hecho ejercicio en décadas, o como si un nutricionista devorara chocolatinas mientras te dice que tienes que comer más verduras!**

4. Otro aspecto sobre el que debes asegurarte es que tanto tú como tu asesor comparten la misma forma de ver las cosas. Por ejemplo, ¿es de los que opinan que se puede superar al mercado a largo plazo seleccionando acciones individuales o invirtiendo en fondos de gestión activa? ¿O es consciente de que las probabilidades de ganarle al mercado son muy bajas y prefiere centrarse en diseñar una cartera bien diversificada de fondos indexados? Puedes encontrarte asesores que, a pesar de ser fiduciarios por ley, no se comportan como tales porque están convencidos de que comprar acciones es una buena estrategia. Personalmente, me alejaría lo más posible de cualquier asesor que afirme que es capaz de superar al mercado de forma regular. A lo mejor es verdad, pero lo dudo. Lo más probable es que esté siendo demasiado optimista o se esté engañando a sí mismo.

5. Por último, es importante dar con un asesor con el que puedas entablar una relación a nivel personal. Un buen asesor será tu socio y aliado por mucho tiempo, la persona que te guiará a lo largo de tu trayectoria financiera. Claro que es una relación profesional, pero ¿no piensas que el dinero también es algo muy personal? De él dependen en gran medida nuestros sueños y esperanzas, nuestro deseo de cuidar de nuestra descendencia, de llevar a cabo acciones

caritativas, de vivir la vida como nos dé la gana. Es más fácil hablar de estas cosas con un asesor con el que tengas buena sintonía, en el que confíes y al que, además, aprecies.

EL PREMIO GORDO

Gran parte de este capítulo ha ido dirigido a solventar los muchos obstáculos que se presentan cuando estamos buscando una buena asesoría financiera. Es increíble lo difícil que resulta encontrar a un asesor altamente cualificado que vele por los intereses de sus clientes y realmente cumpla con los servicios que *ofrece*. ¡No me extraña que mucha gente acabe tirando la toalla y decida hacerse cargo de sus finanzas personalmente!

Pero si eres capaz de llegar hasta la meta final y encontrar a un buen asesor, la recompensa será enorme. Hay muchas personas que consideran que no hay nada más beneficioso para su futuro financiero que asociarse con alguien inteligente que conozca bien el terreno y les ayude a salir siempre victoriosos. Un buen asesor será un apoyo fundamental a lo largo de nuestro viaje: definirá nuestros objetivos, nos ayudará a no desviarnos del camino —en particular, cuando tengamos que hacer frente a la volatilidad del mercado— y aumentará en gran medida nuestras probabilidades de éxito.

Creative Planning, la empresa de consultoría financiera que dirige el coautor de este libro, Peter Mallouk, presta una asesoría de inversión increíblemente completa y sin conflictos de interés. Peter estructuró la compañía para que sus clientes dispusieran de su propio equipo de expertos en inversión, hipotecas, seguros, impuestos e, incluso, planificación patrimonial. ¿Cuánto cuesta? Menos de un uno por ciento anual (en promedio).

Puede que parezca un servicio orientado exclusivamente a las grandes fortunas. Pero Peter y su gente no tratan solo con los ultrarricos. A petición mía, creó una división especial para ayudar a aquellos que están empezando a planificar sus finanzas y cuentan con un mínimo de 100 000 dólares en activos.

Quiero dejar claro que mi intención no es presionarte a que uses Creative Planning, incluso aunque yo sea miembro de la junta y director de psicología del inversionista

Si conoces a alguien más que sea capaz de proporcionarte un excelente asesoramiento, me alegraré mucho por ti. Pero sé lo abrumador que puede resultar poner en marcha el procedimiento de búsqueda y decidir en quién confiar. Si quieres ahorrarte un poco de tiempo, puedes empezar pidiendo una segunda opinión, de forma gratuita, en www.GetASecondOpinion.com. Uno de los expertos en patrimonio de la firma evaluará tu situación y te dirá si tu asesor está operando en tu mejor interés. Pero si prefieres dar un paso más y contratar los servicios de Creative Planning, será un gran placer para todo el equipo darte la bienvenida.

Te daré un ejemplo de porqué este tipo de consultoría integrada es tan poderosa. Muchas personas poseen inversiones inmobiliarias, además de la clásica cartera, a las que rara vez un asesor tradicional presta atención. Imagínate que tienes unas cuantas propiedades. Un asesor con la competencia técnica adecuada mirará cómo hacer para maximizar tu flujo de caja y ayudarte a reestructurar las hipotecas que tengas pendientes sobre esas propiedades. ¿El resultado? La posibilidad de realizar una o dos inversiones inmobiliarias más sin que esto requiera un aporte extra de efectivo. ¡Incluso tus cuotas hipotecarias podrían reducirse! Estas son las ventajas de contar con una verdadera asesoría experta.

SIETE PREGUNTAS CLAVE QUE HAY QUE HACERLE A UN ASESOR

Una manera de asegurarte de que contratas al asesor adecuado es realizándole una serie de preguntas clave. Estas te servirán para detectar potenciales problemas o conflictos que, de otra manera, habrían pasado desapercibidos. Pero incluso aunque ya hayas contratado a uno de estos profesionales, sigue siendo igual de importante que conozcas las respuestas. He aquí lo que a mí me gustaría saber antes de poner mi futuro económico en manos de nadie:

1. ¿Eres un asesor financiero registrado? Si la respuesta es no, se trata de un corredor de bolsa. Sonríe amablemente y despídete. Si la respuesta es sí, se supone que está obligado por ley a actuar en tu beneficio.

2. ¿Ofrece tu empresa fondos de inversión propios o cuentas gestionadas de forma separada? Lo mejor sería escuchar un contundente no. Pero si la respuesta es sí, no pierdas de vista tu billetera. Es posible que intenten aumentar sus ingresos vendiéndote productos que les resulten altamente rentables a ellos (pero probablemente a ti no).

3. **¿Tú o tu empresa reciben algún tipo de compensación de terceros a cambio de recomendar una inversión en particular?** Esta es una pregunta fundamental que necesita respuesta. ¿Por qué? Porque es importante saber que tu asesor no recibe ningún incentivo en forma de comisiones, mordidas, honorarios de consultoría, viajes y otras prebendas cuando te recomienda determinados productos.

4. ¿Cuál es tu filosofía a la hora de invertir? La respuesta te puede indicar si el asesor en cuestión cree que puede superar al mercado seleccionando acciones individuales o fondos de gestión activa. Con el paso del tiempo se convertirá en una causa perdida a menos que la persona sea una superestrella de la talla de Ray Dalio o Warren Buffett. ¿Entre tú y yo? Lo más probable es que no lo sea.

5. Además de estrategias de inversión y gestión de carteras, ¿qué otros servicios de planificación financiera ofreces? Según la etapa de la vida, es posible que recibir asesoría en materia de inversión sea todo lo que necesitamos. Pero a medida que nos hacemos mayores, todo tiende a volverse económicamente más complejo: por ejemplo, es posible que necesites ahorrar para la universidad de tu hijo, planificar tu jubilación, ejercer tus opciones sobre acciones transferidas o elaborar tu testamento. La mayoría de los asesores no poseen demasiadas destrezas más allá del ámbito de la inversión, por lo que resulta vital saber si podrán proporcionarte el abanico de competencias que requerirás en el futuro.

6. ¿Dónde será depositado mi dinero? Un asesor fiduciario siempre debería emplear a un tercero como custodio o depositario de tus fondos. Por ejemplo, tanto Fidelity como Schwab y TD Ameritrade cuentan con agentes custodios externos que guardarán tu dinero en un entorno seguro. *Lo que se hace es firmar un poder específico que le otorga a tu asesor el derecho a manejar tu dinero, pero no a retirar los fondos.* Lo bueno de este acuerdo es que si alguna vez quieres despedir a tu asesor, no tienes por qué cambiar tus cuentas. Simplemente contratas a uno nuevo para que empiece a administrar tu inversión inmediatamente. **Además, este sistema de custodia nos protege del peligro de ser desplumados por un estafador como ¡Bernie Madoff!**

MISIÓN CUMPLIDA

Hemos cubierto una gran cantidad de temas en esta primera parte. Como recordarás, fue concebida como un manual para el éxito financiero. Piensa por un momento cuáles han sido algunas de las reglas más importantes que has aprendido hasta ahora:

- Entendiste el poder de ser un inversionista que piensa a largo plazo, que no está comprando y vendiendo acciones y que mantiene el rumbo firme a pesar de las correcciones y las quiebras del mercado.
- Ahora ya sabes que la gran mayoría de los fondos de gestión activa cobran un dineral por un rendimiento inferior al mercado, por eso es mejor que pongas tu dinero en fondos indexados de bajo costo y que mantengas la inversión durante muchos años.
- También comprobaste que las comisiones excesivas pueden tener un efecto devastador, como si fueran termitas devorando los cimientos de tu futuro financiero.
- Y aprendiste qué hacer para encontrar a un asesor financiero que merezca —y recompense— tu confianza.

Ahora que completaste la lectura de este manual, eres uno de los pocos que entienden el funcionamiento de nuestro sistema financiero. Ya conoces las reglas... ¡estás listo para entrar en el juego!

La segunda parte de *Inquebrantable* es una guía financiera que te servirá para poner en práctica tu propio plan de acción de inmediato. En el capítulo 5 te contaré cuáles son los «cuatro principios básicos» que siguen los mejores inversionistas del mundo cuando toman decisiones financieras. Luego, en el capítulo 6 te enseñaré cómo «vencer el ciclo bajista» conformando una cartera diversificada que te protegerá de las crisis financieras. Más tarde, en el capítulo 7, te diré cómo «silenciar a tu enemigo interior», revelándote los secretos más importantes que he ido aprendiendo en los cuarenta años que llevo dedicado a la psicología de la riqueza.

¡Esta guía te dará el conocimiento y las herramientas necesarias para alcanzar la libertad financiera absoluta! ¿Sientes cómo esa fuerza, ese poder, va invadiendo todo tu cuerpo? Entonces pasa a la siguiente página, porque llegó la hora de planificar tu estrategia, tomar el control y saltar a la arena...

SEGUNDA PARTE

LA GUÍA DEL INQUEBRANTABLE

CAPÍTULO 5
LOS CUATRO BÁSICOS

*Principios fundamentales que te servirán de guía
en todas tus decisiones de inversión*

«Vamos a hacerlo sencillo. Realmente sencillo».

STEVE JOBS, COFUNDADOR DE APPLE

Cualquiera puede tener suerte y ganar la lotería. Cualquiera puede acertar con un valor de vez en cuando. Pero si lo que buscas es disfrutar de un éxito financiero duradero, necesitarás algo más que un golpe de suerte. **En las casi cuatro décadas que llevo en esta profesión he descubierto que las personas con más éxito, en el campo que sea, no triunfan por casualidad. Estas personas piensan de manera diferente. Siguen una estrategia diferente. Hacen las cosas de una forma diferente al resto.**

Lo veo en todos los ámbitos de la vida, ya sea disfrutando de un matrimonio apasionado y feliz durante más de medio siglo, perdiendo peso y siendo capaz de mantener la línea durante décadas o montando un negocio que acaba valorado en miles de millones.

La clave está en reconocer cuáles son esos patrones que llevan al éxito, adaptarlos a tus circunstancias personales y usarlos de guía en tus decisiones vitales. Estos patrones conformarán tu manual para el éxito.

Cuando me embarqué en esta aventura —buscar maneras de ayudar a la gente a manejar sus finanzas—, dediqué tiempo a estudiar a los mejores del sector y entrevisté a más de cincuenta titanes de la inversión. Estaba resuelto a descifrar el código: averiguar qué se esconde detrás de esos impresionantes resultados. **Por encima de todo, me centré en una pregunta: ¿qué patrones de conducta comparten todos ellos?**

Pronto me di cuenta de que era una pregunta particularmente difícil de contestar. El problema radica en que todos esos brillantes inversionistas llevan vidas y estrategias financieras completamente distintas. Por ejemplo, Paul Tudor Jones es un operador bursátil que lleva a cabo enormes inversiones con base en su visión macroeconómica del mundo. Warren Buffett confía su dinero a compañías que posean una ventaja competitiva duradera, ya sean privadas o públicas. Carl Icahn busca empresas en horas bajas y las convence (o coacciona) para que orienten su estrategia de forma que beneficie a sus accionistas. Está claro que hay muchos caminos que conducen a la victoria. ¡Encontrar los puntos que tienen en común resultó bastante retador!

Pero durante los últimos siete años hice algo que siempre me ha gustado mucho y que consiste en abordar un tema aparentemente complejo con el fin de dividirlo en unos pocos principios básicos útiles para la gente corriente. ¿Y qué descubrí? **Me di cuenta de que hay cuatro principios básicos que siguen prácticamente todos los grandes inversionistas cuando se enfrentan a cualquier decisión de inversión. Yo los llamo los «cuatro básicos». Estos cuatro fundamentos, que explicaré más adelante, pueden influir poderosamente en tu capacidad para alcanzar la libertad financiera.**

¿Recuerdas que antes comenté que, cuanto más complejo es algo, más difícil resulta llevarlo a cabo? Bueno, pues cuando te hable sobre estos cuatros principios, es posible que me digas: «¡Qué básico!, ¡qué sencillo!» ¿Y sabes qué? ¡Tienes razón!

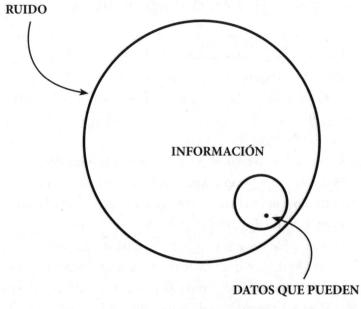

RUIDO

INFORMACIÓN

DATOS QUE PUEDEN

DE VERAS SER ÚTILES

Pero conocer un principio no es suficiente. Tienes que saber ponerlo en práctica. La ejecución lo es todo. No quiero complicar las cosas de manera innecesaria y que acabes con un montón de información que te resulte *inmanejable*. Mi meta no es deslumbrarte con elaboradas argumentaciones. Es resumir, simplificar y explicar ¡para que sientas el impulso inmediato de pasar a la acción!

Estos cuatro principios conforman una lista de chequeo invaluable. Cada vez que mi asesor financiero y yo hablamos sobre una nueva posibilidad de inversión, compruebo que cumpla con la mayoría de los cuatro criterios. Si no es así, no me interesa.

¿Por qué soy tan inflexible con este tema? Porque no es suficiente con que digamos «es una información muy útil, intentaré tenerla siempre presente». **Los mejores inversionistas saben que estos principios deben transformarse en obsesiones. Resultan tan importantes que debemos interiorizarlos, vivir según sus reglas y convertirlos en la base de todo lo que emprendamos como inversionistas. En poco tiempo, los «cuatro básicos» deberían ser parte clave de tu manual de inversión.**

PRIMER PRINCIPIO BÁSICO: NO PIERDAS

La primera pregunta que todos los grandes inversionistas repiten sin parar es: «¿Cómo puedo evitar perder dinero?» Puede sonar contradictorio, después de todo, a la mayoría de nosotros nos interesa más el planteamiento contrario: «¿Cómo puedo ganar dinero? ¿Cómo puedo conseguir la mayor rentabilidad posible y ganarme el premio gordo?»

Pero los mejores inversionistas están obsesionados con evitar las pérdidas. ¿Por qué? Porque son conscientes de un simple pero importante hecho: cuanto más dinero perdamos, más difícil nos resultará volver al punto de partida.

¡No quiero que pienses que esto va a ser como la clase de matemáticas del colegio! Pero creo que vale la pena hacer una pequeña pausa para aclarar por qué perder dinero es tan catastrófico. Supongamos que pierdes el 50 por ciento de tu dinero en una mala inversión. ¿Qué cantidad debes ganar para recuperarlo? La mayoría de la gente dirá que un 50 por ciento. Pero están totalmente equivocados.

Veamos por qué. Si perdiste el 50 por ciento de una inversión de $ 100 000 dólares, te quedan $ 50 000 dólares. Si, más adelante, consigues un rendimiento del 50 por ciento sobre esos $ 50 000 dólares, tendrás un total de $ 75 000 dólares. Sigues perdiendo $ 25 000.

Necesitarás un 100 por ciento de rentabilidad para recuperarte de las pérdidas y volver a los $ 100 000 dólares que tenías al principio. **Y eso te puede llevar fácilmente una década.** Esto explica la famosa cita de Warren Buffet sobre las dos primeras reglas de inversión: «Regla número uno: nunca pierdas dinero. Regla número dos: nunca olvides la regla número uno».

Otros inversionistas legendarios están igualmente obsesionados con evitar las pérdidas. Por ejemplo, mi gran amigo Paul Tudor Jones —que nunca ha cerrado el año en números rojos durante los veintitrés que llevo trabajando con él— me dijo una vez: «Para mí defender es diez veces más importante que lanzar una ofensiva... Tienes que concentrarte todo el tiempo en protegerte de las pérdidas».

Pero en la práctica, ¿cómo se puede evitar perder dinero? Para empezar, es importante entender que los mercados financieros son totalmente impredecibles. Los «expertos» de la televisión pueden insistir todo lo que quieran en que ellos sí saben lo que ocurrirá el día de mañana. ¡Pero no les creas! **Los inversionistas más exitosos reconocen que no hay nadie capaz de prever el futuro. Por esa razón siempre buscan protegerse de acontecimientos inesperados y del riesgo de estar equivocados, por muy inteligentes que sean.**

Tomemos como ejemplo a Ray Dalio. Según la revista *Forbes*, ha generado 45 mil millones de utilidades a sus inversionistas, más que cualquier otro administrador de fondos de alto riesgo de la historia. ¡Su capital neto está estimado en $ 15.9 mil millones de dólares! He conocido a muchas personas extraordinarias en mi vida, pero a nadie más inteligente que Ray. Aun así, me contó que toda su estrategia de inversión se basa en saber que habrá ocasiones en que el mercado le va a ganar la partida y se va a comportar de una forma totalmente inesperada. Esa lección la aprendió muy pronto en su carrera y la describió como «una de las experiencias más dolorosas» de su vida.

En 1971, cuando Ray era un joven inversionista que estaba aprendiendo el arte del oficio, Richard Nixon anunció que Estados Unidos abandonaría el patrón oro. En otras palabras, los dólares ya no se podrían convertir en oro, lo que significaba que la moneda estadounidense pasaba de repente a valer solo lo del papel en que estaba impreso el billete. Tanto Ray como todo su entorno dentro del sector financiero estaban convencidos de que el mercado bursátil se desplomaría en respuesta a este hecho histórico. ¿Qué pasó entonces? ¡Las acciones se dispararon! Exacto. Ocurrió *justo lo contrario* de lo que la lógica y la razón dictaban. «Me di cuenta de que nadie sabe lo que va a pasar, ni ahora ni nunca», comenta. «Así que diseñé un sistema de asignación de activos a prueba de errores, que me proteja incluso si me he equivocado».

Esto, amigo mío, es una información que nunca vamos a olvidar: tenemos que diseñar un sistema de asignación de activos que nos asegure que siempre estaremos «a salvo», incluso aunque nos equivoquemos.

La asignación de activos consiste en establecer una combinación apropiada y óptima de inversiones de diferentes clases y en diferentes cuantías, cuya diversidad jugará un papel clave en el nivel de riesgo y recompensa que obtengas a cambio.
Analizaremos los pormenores de la asignación de activos con mucho más detalle en el siguiente capítulo. Pero por ahora, lo importante es recordar que siempre debemos esperar lo inesperado. ¿Quiere esto decir que lo mejor sería que nos mantuviéramos al margen porque hay demasiada incertidumbre? En absoluto. **Lo que significa es que debemos protegernos de sorpresas desagradables a la hora de realizar cualquier inversión.**

Ambos sabemos que hay muchos inversionistas que salen golpeados de las burbujas bursátiles porque actúan como si todo fuera a ser siempre un camino de rosas y no toman ninguna precaución. Triunfadores veteranos como Bogle, Buffett y Dalio saben que el futuro está lleno de sorpresas de todo tipo. Por eso siempre piensan en el riesgo de pérdidas e invierten en diferentes tipos de activos para protegerse, a sabiendas de que, si unos suben, los otros bajan.

¡No soy economista ni ningún visionario del mercado! Pero me llama la atención la relevancia que tiene hoy en día este tema de evitar las pérdidas, justo en un momento donde no hay nadie que pueda predecir el efecto que causarán las políticas económicas extremas que se llevan a cabo en todo el mundo. Nos encontramos en un territorio inexplorado. A finales de 2016, Howard Marks me dijo: «Creo que en un mundo tan lleno de incertidumbre, con los precios de los activos elevados y bajas perspectivas de beneficios, deberíamos detenernos a reflexionar». El mantra de los últimos años en su empresa de inversión Oaktree Capital Management, que cuenta con 100 mil millones de activos gestionados, ha sido «proceder con cautela». Lo explica de la siguiente forma: «Nosotros invertimos. Nos dedicamos a ello y lo hacemos encantados porque siempre aplicamos un grado excepcionalmente alto de prudencia».

¿Cómo puedo aplicar el principio de «no perder» a mi vida personal? Estoy tan obsesionado con la idea de no perder que ahora les advierto a mis asesores: «No me cuenten una idea de inversión a menos de que me digan primero cómo protegerme del riesgo o minimizar las pérdidas».

SEGUNDO PRINCIPIO BÁSICO: RIESGO Y RECOMPENSA ASIMÉTRICOS

La sabiduría popular nos dice que, si queremos obtener grandes ganancias, tendremos que asumir grandes riesgos. Pero los mejores inversionistas no se creen ese dicho. En su lugar, van a la caza de oportunidades de inversión que ofrezcan lo que ellos llaman «riesgo y recompensa asimétricos» (asymmetric risk/reward): una sofisticada manera de decir que las recompensas deberían superar ampliamente los riesgos. En otras palabras, buscan siempre arriesgar lo mínimo para ganar lo máximo posible. Es el equivalente al nirvana en el mundo del inversionista.

Observé esta estrategia en Paul Tudor Jones, quien usa la regla «cinco a uno» en todas sus decisiones financieras. «Arriesgo un dólar con la esperanza de ganar cinco», me explicaba durante los primeros días de nuestra relación profesional. «Con la fórmula del cinco a uno consigues una tasa de acierto del 20 por ciento. Puedo ser un completo imbécil. Puedo equivocarme el 80 por ciento del tiempo y aun así no perder nada».

¿Cómo es esto posible? Si Paul lleva a cabo cinco inversiones por valor de un millón de dólares cada una y cuatro de ellas van a cero, habrá perdido cuatro millones de dólares. Pero si con la quinta inversión la saca del estadio y gana cinco millones de dólares, habrá recuperado todo el capital inicial.

¡La tasa de acierto de Paul es en realidad bastante más elevada! Imagínate que dos de sus cinco inversiones rinden según lo esperado y multiplican su valor por cinco. Eso significa que los cinco millones invertidos al principio habrán crecido hasta los diez millones de dólares. ¡Es decir, habrá doblado su inversión a pesar de haberse equivocado, en el caso que nos ocupa, el 60 por ciento de las veces!

Al aplicar la fórmula del cinco a uno, consigue salir siempre victorioso, pese a cometer algunos errores inevitables.

Vamos a dejar una cosa clara: cinco a uno es la estrategia *ideal* de Paul. Obviamente, no siempre encuentra una oportunidad de inversión que ofrezca una posibilidad de acierto tan elevada. En algunas ocasiones se contenta con una tasa de tres a uno. En cualquier caso, la clave de esta historia es que él siempre está buscando una inversión que le permita limitar las pérdidas y cosechar cuantiosas ganancias.

Otro amigo mío obsesionado con el riesgo y recompensa asimétricos es sir Richard Branson, el fundador de Virgin Group. Richard, que supervisa más de cuatrocientas empresas, no solo es un gran empresario, también es un gran amante de las aventuras y tiene un peligroso gusto por las emociones fuertes, como hacer la vuelta al mundo en globo o batir el récord de velocidad cruzando el canal de la Mancha en un vehículo anfibio. Todo apunta a que es una persona a la que le encanta el riesgo, ¿cierto? Sí y no. Es verdad que pone su vida en peligro realizando actividades extravagantes. Pero cuando se trata de sus finanzas, es experto en reducir al mínimo los riesgos.

Te voy a poner un ejemplo: cuando en 1984 fundó la línea aérea Virgin Atlantic, solo tenía cinco aviones operativos. Luchaba contra el Goliat del sector, un consolidado British Airways, en una industria extremadamente complicada. «Si quieres llegar a ser millonario, consigue mil millones de dólares y crea una aerolínea», bromeó una vez. Richard empleó un año entero en cerrar un increíble acuerdo que le permitiría devolver los aviones si su negocio no prosperaba. ¡Esto equivalía a muy pocos riesgos y enormes ventajas! «Desde fuera parece que los empresarios tenemos una alta tolerancia al riesgo», comenta. «Pero uno de mis lemas más importantes es "evita las pérdidas"».

Ese patrón de pensamiento sobre el riesgo y recompensa asimétricos surge cada vez que entrevisto a un inversionista famoso. Piensa en Carl Icahn, que cuenta con un patrimonio neto estimado en $ 17 mil millones de dólares y fue portada de la revista *Time* con el titular: «Amo del universo». Es un tipo que ha conseguido desde 1968 una tasa de rendimiento del 31 por ciento, por encima incluso del 20 por ciento cosechado por Warren Buffett[10]. Carl amasó una fortuna invirtiendo enormes cantidades de dinero en negocios mal dirigidos, a los que amenazaba con tomarse si no cambiaban su estilo de gestión. Podría considerarse como la partida de póquer con las apuestas más arriesgadas del mundo, con miles de millones en juego.

Pero Carl nunca ha perdido el control. «Parecía que arriesgábamos un montón de dinero, pero no era verdad», me contó. «Todo gira en torno al riesgo y la recompensa. Por eso es necesario entender cuál es el nivel de riesgo y cuál es el nivel de recompensa. La mayoría de las personas veían mucho más riesgo que yo. Pero las matemáticas no mienten y ellos, simplemente, no las entendían».

¿Empiezas a identificar ya un patrón en común? Estos tres multimillonarios, Paul Tudor Jones, Richard Branson y Carl Icahn, siguen estrategias totalmente diferentes para ganar dinero. Pero todos comparten la misma obsesión: cómo reducir los riesgos mientras aumentan al máximo el beneficio.

Perdóname si me equivoco, pero supongo que entre tus planes más inmediatos no se incluye el de crear una nueva aerolínea ni lanzar una adquisición hostil de alguna empresa. Entonces, ¿cómo puedes aplicar este patrón de pensamiento a tu vida financiera?

Una forma de conseguir un riesgo y recompensa asimétricos es invirtiendo en valores que estén subvalorados debido al pesimismo y desánimo reinantes en el ambiente. Como verás en el siguiente capítulo, las correcciones y los ciclos bajistas pueden ser de los mejores regalos financieros que recibas en tu vida. Piensa en la crisis financiera que tuvo lugar entre 2008 y 2009. En aquel momento parecía que el infierno se hubiera desatado. Pero con la mentalidad adecuada y manteniendo los ojos bien abiertos, ¡las oportunidades caían del cielo! ¡Era imposible moverte y no tropezarte con una!

Cuando en marzo de 2009 el mercado tocó fondo, el panorama para la mayoría de los inversionistas era tan desolador que podías

---

[10] Según la revista *Kiplinger's Personal Finance*.

comprar acciones de primera línea por centavos de dólar. Por ejemplo, Citigroup se desplomó y pasó de valer $ 57 dólares ¡a cotizar 97 centavos por acción! Podías, literalmente, poseer una parte de la compañía por menos de lo que cuesta sacar dinero de un cajero. Y aquí viene lo mejor: después del invierno siempre llega la primavera y a veces las estaciones se terminan mucho más rápido de lo esperado. Esos 97 céntimos subieron a 5 dólares por acción en un intervalo de cinco meses, ofreciendo una rentabilidad del 500 por ciento a los accionistas.

Este es el motivo por el cual, en los períodos bajistas, inversionistas orientados al «valor» como Warren Buffett se relamen los labios. La inestabilidad reinante les permite invertir en valores que se han ido a pique a precios tan ridículos que el potencial de pérdidas es limitado y el de beneficios, espectacular.

Eso es precisamente lo que hizo Buffett a finales de 2008: invertir su dinero en empresas como Goldman Sachs y General Electric, unos colosos en horas bajas, con precios por acción que solo se presentan una vez en la vida. Por si fuera poco, Buffett estructuró sus inversiones de tal manera que el riesgo se reducía aún más. Por ejemplo, invirtió cinco mil millones de dólares en acciones «preferenciales» de Goldman Sachs. Así, mientras esperaba a que el valor de la acción repuntase, estas le garantizaban unos dividendos anuales del diez por ciento.

La mayoría de la gente tiene tanto miedo durante una quiebra bursátil que solo se fija en las probabilidades de perder. Pero Buffett se asegura de que estas sean prácticamente nulas.

Por tanto, ¡todo es cuestión de riesgo y recompensa asimétricos!

Te pongo el ejemplo de mis inversiones personales. Durante los años posteriores a la crisis financiera, cuando los bancos decidieron poner en práctica una de las políticas más restrictivas en años para conceder préstamos, tuve la suerte de que se me presentara una gran oportunidad. En aquella época, mucha gente poseía una casa con un gran valor patrimonial, pero no tenía liquidez. La refinanciación estaba fuera de alcance. Estas personas buscaban la manera de conseguir dinero a corto plazo (normalmente un año o menos) y no ponían impedimentos a la hora de ofrecer su casa como garantía. Resumiendo: yo les prestaba los fondos que necesitaban y, a cambio, me convertía en lo que se conoce como «primer titular de escritura de fideicomiso» del inmueble. En 2009, el propietario de una casa valorada en dos millones de dólares y libre de deudas, se puso en contacto con mi equipo. Nos solicitaba un préstamo de un millón de dólares (la mitad del valor en que estaba avaluada la propiedad) y estaba dispuesto a pagar un interés de diez por ciento por doce meses. No está nada mal visto desde la perspectiva actual, cuando la rentabilidad de mi inversión a diez años en bonos del Tesoro es del ¡1.8 por ciento! Y este porcentaje podría ser incluso menor (a menos que mantenga los bonos hasta su vencimiento), ya que la Reserva Federal ha comenzado a subir las tasas de interés, lo que ejercerá una presión hacia abajo sobre los precios de los bonos.

Entonces, ¿qué ventajas me aportaba el contrato de fideicomiso? En caso de incumplimiento en el pago la deuda, el mercado inmobiliario tendría que devaluarse más de un 50 por ciento para que yo no recuperara mi inversión. Pero incluso durante la peor crisis inmobiliaria sufrida en medio siglo (2008), la caída nunca superó el 35 por ciento. Por otra parte, como el acuerdo contemplaba un horizonte temporal de un año, cumplía mi primer criterio: ¡aumentar las probabilidades de no perder mi dinero! Y luego estaban el riesgo y recompensa asimétricos. Un riesgo muy bajo (ya que, aunque el mercado inmobiliario bajase un 50 por ciento, yo me quedaría como estaba) y una rentabilidad anual de un diez por ciento en una época donde los bonos rendían muy poco y las tasas de interés estaban empezando a subir. Después de considerar toda esta información, me sentí muy cómodo firmando el acuerdo. En mi opinión, presentaba el equilibrio asimétrico ideal entre riesgo y recompensa. Hoy en día ya no necesitas disponer de un millón de dólares para realizar una inversión así. Muchas de esas personas también solicitaban préstamos de $ 25 000 a 50 000 dólares. Con esto no pretendo insinuarte que salgas corriendo a la caza de contratos de fideicomiso. Existen otros riesgos asociados a este tipo de inversiones que no debemos olvidar. Mi intención es transmitirte que siempre surgirán diferentes oportunidades, dependiendo del contexto económico o del comportamiento del mercado.

TERCER PRINCIPIO BÁSICO: EFICIENCIA FISCAL

Como dijimos anteriormente, los impuestos pueden llevarse por delante más del 30 por ciento de la rentabilidad de tu inversión si no tienes cuidado. Aun así, a las empresas de fondos de inversión les encanta publicitar a los cuatro vientos los rendimientos antes de impuestos de sus productos, ocultando el hecho de que **solo hay un rendimiento que de verdad importa: la cantidad neta que obtienes.**

Cuando la gente se felicita por la rentabilidad de su inversión y no considera el impacto que tendrán los impuestos (por no hablar de las comisiones) sobre el resultado final, ¡lo que realmente demuestra es un gran don para el autoengaño! ¡Es como si dijeras «qué bien cumplí hoy con la dieta», mientras pasas convenientemente por alto que te has comido un par de rosquillas, una porción doble de papas fritas y un helado bañado en chocolate caliente!

A la hora de invertir, el autoengaño puede salirte muy caro. ¡Así que quítate la venda y enfréntate a la cruda realidad!

> *«Tengo suficiente dinero para retirarme y vivir*
> *cómodamente por el resto de mi vida. El problema*
> *es que tengo que morirme la próxima semana».*
>
> ANÓNIMO

Todos los multimillonarios que he conocido poseen una característica en común: ¡ellos y sus asesores son expertos en materia impositiva! **Saben que lo importante no es lo que ganan. Es con lo que se quedan. El dinero real, el que pueden gastar, reinvertir o donar con el fin de mejorar la vida del otro.**

Por si te surge la duda, no hay nada despreciable ni inmoral en utilizar los medios legales a nuestro alcance para reducir en lo posible la carga fiscal de nuestras inversiones. La autoridad a la que los expertos legales y el Tribunal Supremo de Estados Unidos suelen citar con más frecuencia es al juez Billings Learned Hand del Tribunal Federal de Apelaciones. En 1934, el juez realizó una declaración que se hizo muy famosa: «Todos podemos administrar nuestras finanzas para que los impuestos sean los mínimos... Nadie debe pagar a ninguna autoridad pública más de lo que dicte la ley».

Evidentemente, los impuestos no son lo *primero*. Eso sería un grave error. Mi primera preocupación es no perder dinero y cumplir con el criterio de riesgo y recompensa asimétricos. *Luego*, antes de invertir, me planteo la siguiente pregunta: «¿cuán eficiente resultará desde el punto de vista fiscal? ¿Hay alguna manera de conseguir que lo sea todavía más?»

Parte de mi comportamiento obsesivo se debe a haber vivido muchos años en California, donde cada dólar ganado se convertía en 38 centavos después de impuestos. ¡Cuando aguantas tal carga impositiva, te vuelves rápidamente sensible al tema! Aprendí a centrarme solo en lo que me quedaría *después* de pagarle al Tío Sam sus tributos.

Cuando alguien me cuenta sobre una oportunidad financiera con un gran potencial de rendimiento, mi respuesta es siempre la misma: «¿hablamos de ganancias *netas*?». La mayoría de las veces la persona responde con un «no, son brutas». Pero la cifra que manejamos antes de impuestos puede llevar al engaño, mientras que la neta nunca miente. Tu meta, que es también la mía, consiste en maximizar siempre el beneficio neto.

Te pongo un ejemplo concreto: La empresa Creative Planning, donde trabajo, puede recomendar a ciertos clientes invertir en *master limited partnerships* (MLP) si lo estima conveniente.[11] Tan pronto supe que estas sociedades cotizadas públicamente ofrecen un fácil acceso a aquellos inversionistas interesados en infraestructuras energéticas como conductos de petróleo, gasolina y gas natural, llamé a mi amigo T. Boone Pickens, que amasó una fortuna de miles de millones

---

[11] Las master *limited partnerships* son una figura jurídica empresarial y se podrían definir como una sociedad limitada que cotiza en bolsa. Son vehículos de inversión únicos, que ofrecen las ventajas fiscales de una sociedad limitada y la liquidez de una acción que cotiza en bolsa, ya que se negocian en el mercado de valores. Se crearon en 1980 para fomentar el desarrollo de los recursos naturales y de la inversión y se rigen por las leyes de los Estados Unidos. [Nota de la traductora]

gracias al petróleo, y le pregunté: «¿Cuál es tu opinión sobre las MLP hoy en día?».

Me contó que las acciones de este tipo de empresas habían caído debido al desplome en los precios de la energía. De hecho, el precio del crudo cayó más de un 70 por ciento entre 2014 y principios de 2016. Muchos inversionistas creyeron que este pronunciado descenso iba a suponer un terrible problema para las MLP, ya que estas dotan al sector energético de infraestructuras. Pero las MLP —o al menos, las más destacadas— están mucho mejor protegidas de lo que parece. Esto se debe a que firman unos contratos a largo plazo con sus clientes, en los cuales acuerdan el pago de cuotas fijas a cambio del derecho a utilizar sus infraestructuras. Esto les proporciona un flujo de ingresos estable a lo largo del tiempo y les permite pagar generosos dividendos a sus socios.

Boone me explicó que una inversión en una MLP no tiene porqué depender de los precios del petróleo y el gas. Al ser propietario de un conducto, te conviertes en algo parecido al recaudador de un peaje. Al margen de lo que suceda con los precios del crudo o del gas, la energía debe ser transportada a lo largo de todo el país porque es el elemento vital de nuestra economía. Y tú, como partícipe de una MLP, ¡cobras tu peaje con perfecta puntualidad!

Pero es que además el hecho de que los precios de las MLP cayeran en picado te hubiera beneficiado. ¿Por qué? Porque fue una reacción exagerada al descenso en el precio de la energía. Los inversionistas tenían tanto miedo que las cotizaciones estaban en mínimos históricos. Incluso algunas de las MLP mejor posicionadas vieron cómo sus acciones perdían el 50 por ciento de su valor.

Pero la cabina del peaje seguía funcionando como un reloj. Una MLP cuyas acciones se vendían a cien dólares antes de la crisis pagaba un dividendo anual de cinco dólares por acción, es decir, el 5 por ciento anual de la inversión. Cuando su valor disminuyó hasta los cincuenta dólares, la MLP continuó pagando cinco dólares por acción. ¡Pero ahora la rentabilidad había ascendido a un *10 por ciento* anual! Puede que no te parezca una gran fortuna, pero en esta era de tasas de interés extremadamente bajas, es mil veces mejor que el 2 por ciento o menos que ofrecen los bonos. **¡Y lo mejor es que habrías mantenido todas las ventajas si el precio de la MLP se recuperaba!**

Dediquemos un momento a ver de qué manera las MLP se ajustaban a los criterios contenidos en los «cuatro básicos»:

1. **No perder.** El precio de la energía y de las MLP había bajado tanto que era muy poco probable que lo siguiera haciendo. Así mismo, expertos de la talla del «oráculo del petróleo» T. Boone Pickens señalaban que, debido al hundimiento de los precios, la producción de crudo se había recortado drásticamente. Esto desembocaba en unas reservas a la baja y forzaba una eventual subida de los precios, a pesar de que la demanda era menor. Con todo esto a favor, las probabilidades de perder dinero se reducían considerablemente.

2. **Riesgo y recompensa asimétricos.** Como acabamos de ver, el riesgo de pérdida era muy pequeño. Pero la probabilidad de que los precios de la energía se recuperaran con el tiempo y de que las MLP volvieran a su estado normal era muy elevada. Mientras tanto, tú recibirías anualmente un 10 por ciento de tu inversión. ¡Yo sería feliz quedándome sentado y cobrando el peaje!

3. **Eficiencia fiscal.** Pero aquí viene la mejor parte: como el gobierno de Estados Unidos necesita fomentar la producción y distribución nacional de energía, otorgó a las MLP un trato fiscal preferencial. **Por consiguiente, la mayor parte de los beneficios que obtienes se amortizan por la depreciación, lo que significa que alrededor del 80 por ciento de lo que ganas está libre de impuestos.** Por lo que, si obtienes un beneficio del diez por ciento, te queda una cantidad neta del ocho por ciento anual. No está nada mal, ¿verdad? En contraste, sin ese trato fiscal preferencial, los ingresos realizados dentro del año tributarían a la tasa normal del impuesto sobre la renta. Una persona con un salario alto, que paga el 50 por ciento en impuestos, ganaría solo un cinco por ciento neto. En otras palabras, gracias a la ventaja fiscal de una MLP, habrías conseguido unas ganancias netas del ocho, en lugar del cinco por

ciento. La diferencia: un *60 por ciento* más de dinero en mano. Este es el poder de la eficiencia fiscal.

Como veremos en el siguiente capítulo de la mano de Peter, las MLP no son adecuadas para todo el mundo y tampoco te las recomendamos expresamente. Pero quería usarlas de ejemplo para ilustrar el siguiente principio: si nos centramos en el *rendimiento después de impuestos*, llegaremos mucho antes a nuestra libertad financiera.

Al respecto, vale la pena señalar que casi siempre hay alguna clase de activo, algún país o algún mercado pasando por un mal momento y generando oportunidades de riesgo y recompensa asimétricos igual de interesantes.

Finalmente, tener conocimientos en materia fiscal y usarlos en tu propio beneficio te ayudará a dejar una huella en el mundo. En lugar de dejar que sea el gobierno el que decida qué hacer con tu dinero, ¡eres tú quien decide qué hacer! Disfruto de una vida mucho más plena porque puedo apoyar distintas causas que me resultan emocionantes y estimulantes. He ayudado a suministrar 250 millones de comidas a los más necesitados y mi intención es alcanzar la cifra de mil millones a través de mi asociación con la organización benéfica Feeding America. Además, ayudo a garantizar el acceso diario al agua potable a 250 000 personas en India y ayudo a escapar de la esclavitud sexual a más de 1000 niños gracias a mi colaboración con Operation Underground Railroad.[12] Estas son solo algunas de las iniciativas que pueden contar con mi apoyo gracias a ser fiscalmente eficiente en mis inversiones.

CUARTO PRINCIPIO BÁSICO: DIVERSIFICACIÓN

El cuarto y último principio de los «cuatro básicos» es posiblemente el más obvio y fundamental de todos: diversificación. En esen-

---

[12] Operation Underground Railroad (OUR) reúne a los mayores expertos mundiales en operaciones de salvamento y lucha contra la trata de niños para poner fin a la esclavitud infantil. El equipo está formado por antiguos agentes de la CIA, miembros de la unidad de élite Navy SEAL y Operaciones Especiales que dirigen acciones de identificación y extracción de forma coordinada.

cia, es algo que casi todos sabemos: no hay que poner todos los huevos en la misma canasta. Pero hay una diferencia entre saber lo que hay que hacer y hacer lo que sabes que hay que hacer. El profesor Burton Malkiel, de la Universidad de Princeton, me explicó que existen cuatro maneras eficaces de diversificar:

1. Diversificar por clases de activos. No pongas todo tu dinero en propiedades inmobiliarias, bonos o una única clase de inversión.
2. Diversificar dentro de las clases de activos. Evita invertir todo tu dinero en un valor favorito como Apple, una sola MLP o una propiedad frente al mar susceptible de ser arrasada por una tormenta.
3. Diversificar entre mercados, países y divisas a nivel mundial. Vivimos en una economía global, así que no cometas el error de invertir de forma exclusiva en tu país.
4. Diversificar por tiempo. Nunca podrás saber cuál es el mejor momento para comprar. Pero si vas ampliando tus inversiones de forma sistemática, todos los meses y todos los años (en otras palabras, llevas a cabo un plan de inversión constante), con el tiempo reducirás el riesgo y aumentarás tus ingresos.

Todos los inversionistas famosos a los que he entrevistado están obsesionados con la idea de diversificar para obtener el máximo rendimiento y el mínimo riesgo. Paul Tudor Jones me dijo: «Creo que lo más importante que puedes hacer es diversificar tu portafolio». Este mensaje se volvió a repetir en mis entrevistas con Jack Bogle, Warren Buffett, Howard Marks, David Swensen, Mary Callahan Erdoes de JP-Morgan y muchos más.

El principio en sí puede parecer sencillo, ¡pero llevarlo a la práctica es otra historia! Requiere de extensos conocimientos. Se trata de un tema tan importante que le dedicamos gran parte del siguiente capítulo. Mi socio Peter Mallouk, que asesoró activamente a sus clientes durante la espantosa crisis bursátil de 2008 a 2009, nos explicará cómo diseñar un plan de asignación de activos personalizado, diversificando por clases de inversión como acciones, bonos, propiedades inmobiliarias y otras «alternativas». Su meta: ayudarte a construir una cartera que te permita ganar dinero en cualquier situación.

Aunque te parezca un objetivo muy ambicioso, la diversificación cumple con su labor aun en los momentos más difíciles. Entre los años 2000 y finales de 2009, los inversionistas en Estados Unidos experimentaron lo que hoy en día se conoce como la «década perdida», un período en el cual el índice S&P 500 se mantuvo plano, pese a experimentar importantes fluctuaciones. Pero los inversionistas inteligentes miran más allá de los grandes valores estadounidenses. Burt Malkiel escribió un artículo en el *Wall Street Journal* titulado «"Comprar y mantener" sigue siendo una opción ganadora». En él explica que si hubiésemos diversificado a través de una cartera de fondos indexados —incluyendo acciones estadounidenses y extranjeras, valores de mercados emergentes, bonos y propiedades inmobiliarias— desde principios del 2000 hasta finales de 2009, una inversión inicial de $ 100 000 dólares habría crecido hasta los $ 191 859 dólares. ¡Esto supone una rentabilidad promedio anual del 6.7 por ciento en la década perdida!

Una de las razones por las que es tan importante diversificar es porque nos protege de nuestra tendencia natural a aferrarnos a todo aquello que nos sea familiar. Si una persona piensa que una determinada estrategia funciona —o la comprende bien—, ¡es fácil que se convierta en alguien de un único recurso! Esto provoca que mucha gente acabe invirtiendo de forma desproporcionada en un área concreta. Por ejemplo, es posible que alguien le apueste todo al mercado inmobiliario porque de niño a su familia le fue muy bien en ese negocio, también puede convertirse en un fanático del oro o invertir activamente en un sector en auge como el tecnológico.

El problema es que todo es cíclico. Y lo que hoy está de moda, puede volverse anticuado mañana. Ray Dalio me advirtió que «podemos estar casi seguros de que, pongamos donde pongamos nuestro dinero (clases de activos), llegará un día en el que perdamos del cincuenta al setenta por ciento». Imagínate por un momento que tienes casi todo tu dinero depositado en un determinado activo y debes observar con horror cómo desaparece en un instante. La diversificación es tu póliza de seguro para que eso no ocurra. Disminuye el riesgo, aumenta tus ingresos y, además, no supone ningún costo extra. ¡Es una combinación perfecta!

Naturalmente, hay muchas maneras de diversificar. En mi libro *Dinero: domina el juego*, donde trato este tema con más detalle, encontrarás esquemas específicos de asignación de activos recomendados por Ray y por otros gurús financieros como Jack Bogle y David Swensen. Por ejemplo, David me contó la manera en que los inversionistas particulares pueden diversificar a través de una cartera de fondos indexados de bajo costo que inviertan en seis tipos de activos «realmente importantes»: valores estadounidenses e internacionales, acciones de mercados emergentes, fondos de inversión inmobiliaria (REIT, por su sigla en inglés), bonos del Tesoro y bonos del Tesoro protegidos contra la inflación (TIPS, por su sigla en inglés). Incluso me dio el porcentaje exacto para cada una de esta clase de activos.

Ray Dalio, en cambio, usa una estrategia única de diversificación con la que consigue un extraordinario control del riesgo. Tuve el privilegio de dar una charla justo después de mi querido amigo Ray en el Robin Hood Investors Conference a finales de 2016. Los mejores inversionistas del sector escuchaban atentamente mientras Ray revelaba uno de los grandes secretos de su estrategia: «La fórmula mágica de la inversión consiste en tener quince o más apuestas seguras —no tienen por qué ser las mejores— que no tengan ninguna correlación».

Es decir, se trata de invertir en activos que sean interesantes, pero sin relación entre sí. Esta es la clave de la supervivencia y del éxito. En el caso que nos ocupa, significa invertir en acciones, bonos, oro, materias primas, propiedades inmobiliarias y otras alternativas. **Ray insistió en que, si contamos con quince inversiones de este tipo, podremos reducir el riesgo asociado «en aproximadamente un 80 por ciento» y «multiplicar por cinco el índice de rendimiento ajustado al riesgo. Es decir, el rendimiento será cinco veces mayor al reducir ese riesgo».**

Con esto no quiero que pienses que existe una solución única e ideal que deberías adoptar. Mi intención es que comprendas que los mejores inversionistas ven la diversificación como un ingrediente clave para alcanzar un éxito financiero duradero. Si sigues su ejemplo y diversificas tu cartera, estarás preparado para cualquier eventualidad y afrontarás el futuro lleno de confianza.

¡LISTOS PARA LA PELEA!

Ya eres un alumno aventajado. Perteneces a una pequeña élite que conoce los cuatro principios fundamentales que rigen las decisiones de los mejores inversionistas. ¡Si te guías por ellos, la probabilidad de éxito de tus inversiones aumentará exponencialmente!

En el próximo capítulo profundizaremos un poco más en los detalles prácticos de la asignación de activos. Peter Mallouk nos explicará cuáles son las virtudes de seguir una estrategia personalizada con base en tus circunstancias y necesidades particulares. Gracias a su asesoría experta, aprenderás a construir una cartera diversificada que te permita hacer frente a cualquier temporal. Recuerda: todos sabemos que el invierno está cerca. Todos sabemos que los ciclos bajistas son un fenómeno frecuente. La mayoría de los inversionistas les temen. Pero tú estás a punto de descubrir cómo conseguir que el invierno sea la mejor estación de todas, ¡un período que hay que disfrutar mientras dure!

¡Entonces ven conmigo, guerrero valiente! ¡Ha llegado la hora de tomar las armas y vencer el ciclo bajista!

CAPÍTULO 6
A VENCER EL CICLO BAJISTA

Cómo sortear quiebras y correcciones para acelerar
nuestro camino hacia la libertad financiera

«Aprendí que la valentía no es la ausencia del miedo, sino el triunfo sobre
este. El valiente no es quien no siente miedo, sino el que lo conquista».

NELSON MANDELA

EL TRAYECTO HACIA LA VALENTÍA

Tenía treinta y un años cuando fui a una consulta médica para un examen físico anual; un chequeo de rutina obligatorio para renovar mi licencia de piloto de helicóptero. En los días posteriores a mi visita, el doctor me dejó varios mensajes pidiéndome que le devolviera la llamada. Yo andaba ocupadísimo y no tenía tiempo para hablar con él. Entonces una noche llegué a casa de madrugada y me encontré una nota en la puerta de mi dormitorio. *«Tiene* que llamar al médico. Dice que es urgente».

Mi cabeza comenzó a dar vueltas. Me cuidaba muchísimo en temas de salud y estaba más en forma que nunca. ¿Qué podría estar mal? En momentos así se nos vienen a la mente pensamientos totalmente absurdos. Empecé a preguntarme: «Viajo sin parar, así que a lo mejor está relacionado con la radiación en los aviones. ¿Es posible que tenga cáncer? ¿Me estaré muriendo?».

Logré tranquilizarme y dormir un poco. Pero al día siguiente, cuando desperté, un miedo intenso se apoderó de mí. Llamé al médico y este me contestó: «Necesitas operarte. Tienes un tumor en el cerebro». Me quedé frío. «¿De qué me está hablando? ¿Cómo puede saberlo?». El médico, un tipo frentero que no andaba con evasivas, me contó que había ordenado un mayor número de análisis de los previstos porque creía que mi cuerpo albergaba una enorme cantidad de hormonas del crecimiento. No hacía falta ser un genio para llegar a esa conclusión: mido dos metros de altura y, cuando tenía diecisiete, llegué a crecer veinticinco centímetros en un solo año. Pero él estaba convencido de que mi espectacular crecimiento era el resultado de un tumor en la glándula pituitaria, en la base del cerebro. Me dijo que tenía que extirpármelo inmediatamente.

Al día siguiente yo tenía programado un vuelo a Francia para dictar el seminario «Cita con el destino». ¿Se suponía entonces que tenía que dejarlo todo para ser operado de urgencia? ¡Gran destino! Seguí con lo mío y acudí al seminario; luego volé a Italia, donde me alojé en un precioso pueblo de pescadores llamado Portofino. Y fue allí cuando empecé a asustarme. Me sentía diferente, me enfadaba y me frustraba por cualquier tontería. ¿Qué me estaba pasando?

Me crie en un ambiente muy inestable. Cuando mi madre, bajo el efecto de las drogas, se ponía furiosa, había veces que perdía el control por cosas pequeñas. Si pensaba que le estaba diciendo alguna mentira, me metía sopa en la boca hasta que vomitaba o me aplastaba la cabeza contra la pared. Desde entonces dedico mi vida a entrenarme y a prepararme para disfrutar de una sensación de seguridad *en un mundo plagado de incertidumbres*. Pero ahora había dejado que los comentarios de este médico me sumieran en un estado de inseguridad máxima. De repente, todo mi mundo se había puesto patas arriba y la vida que había construido se estaba desmoronando. Después de todo, no puedes estar seguro de nada si no sabes la respuesta a la pregunta más básica de todas: «¿Voy a seguir vivo o me voy a morir?».

Sentado en un banco de una iglesia en Portofino, recé por mi vida. Entonces tomé la decisión de volver a casa y enfrentarme a la situación. Los siguientes días fueron surrealistas. Recuerdo salir de la máquina de resonancia magnética y observar el gesto desalentador del técnico de laboratorio. Me dijo que había una «masa» en mi cerebro, pero que no me podía dar más detalles hasta que el médico revisara el resultado del escáner. Como este andaba muy ocupado, tuve que esperar hasta el día siguiente. Ahora ya sabía que tenía un problema, aunque todavía desconocía si era fatal.

Por fin, el doctor se reunió conmigo para explicarme el resultado de los exámenes. La imagen del escáner confirmó que tenía un tumor, pero también reveló que este se redujo milagrosamente en un 60 por ciento con el paso de los años. Yo no mostraba ningún síntoma negativo y había dejado de crecer a los diecisiete años. Entonces, ¿por qué tenían que operarme? El médico me advirtió que unos niveles de hormona del crecimiento excesivos podrían desencadenar una serie de problemas de salud, entre otros, una falla cardíaca. «Usted se niega a aceptarlo —me dijo—. Pero hay que operarlo inmediatamente».

¿Y qué pasa con los efectos secundarios? Aparte del peligro de morir en la mesa de cirugía, el mayor riesgo de la intervención era que dañara mi sistema endocrino de tal forma que ya no podría disponer del mismo nivel de energía. Ese era un precio demasiado alto para mí. Mi misión, que consiste en ayudar a la gente a transformar sus vidas, requiere de una energía y pasión desbordantes. ¿Y si la operación me dejaba incapacitado para ejercer el trabajo de mi vida? El médico se enfadó conmigo: «Sin cirugía, no podemos estar seguros de que vaya a vivir». Yo quería una segunda opinión, pero él se negó a recomendarme otro especialista.

A través de unos amigos, me puse en contacto con un afamado endocrino de Boston. Me volvió a escanear el cerebro y me citó para revisar los resultados. Era un hombre maravilloso, muy compasivo y con una actitud totalmente opuesta. Me dijo que no tenía por qué pasar por el quirófano, que los riesgos eran demasiado grandes. En su lugar, me propuso que viajara unas dos veces al año a Suiza para recibir una inyección de un fármaco en fase experimental que todavía no había sido aprobado por las autoridades en Estados Unidos. Se mostró convencido de que esta medicina evitaría que el tumor se expandiera y que la hormona del crecimiento ocasionara algún problema cardíaco.

Cuando le conté que el otro doctor quería perforarme el cerebro, se rio y afirmó: «¡El cocinero quiere cocinar, el pastelero hornear, el cirujano operar y yo solo quiero drogarte!». Era cierto. A todos nos gusta hacer lo que mejor se nos da porque nos hace sentir seguros. El problema era que este tratamiento podía tener también un efecto negativo en mi nivel de energía. El endocrino entendió la razón de mi desasosiego.

—Eres como Sansón —me dijo—. ¡Tienes miedo a perder tu poder si te cortamos el pelo!

Le pregunté qué podía pasar si, finalmente, decidía no hacer nada: ni cirugía, ni medicamentos.

—No lo sé —me contestó—. Nadie lo sabe.

—Entonces, ¿por qué debería tomarme esta medicina?

—Si no te la tomas —dijo—, no estarás seguro de que vas a ser capaz de sobrevivir.

Pero yo ya no me sentía inseguro. No había ninguna señal que indicara que mi salud se hubiera deteriorado en los últimos catorce años. Entonces, ¿por qué jugármela con una operación quirúrgica de alto riesgo o con inyecciones de un medicamento en fase experimental? Fui a ver a unos cuantos doctores hasta que uno me dijo: «Es cierto, hay mucha cantidad de hormona del crecimiento en tu torrente sanguíneo. Pero por ahora no ha causado ningún efecto negativo. De hecho, es posible que esté ayudando a tu cuerpo a recuperarse más rápidamente.

¡Conozco fisicoculturistas que se gastan mil doscientos dólares a la semana para conseguir lo que tú tienes gratis!».

Al final decidí ño hacer nada más que someterme a un control médico cada pocos años para verificar que mi estado no empeoraba. En aquel momento no lo sabía, pero había evitado una sentencia de muerte: la Administración de Alimentos y Medicamentos de Estados Unidos (FDA, por sus siglas en inglés) declaró ilegal el uso de este fármaco con base en estudios que demostraban su relación directa con el cáncer. A pesar de sus buenas intenciones y su gran corazón, mi endocrino me recetó un tratamiento que podía haberme arruinado la vida.

¿Y sabes qué? Veinticinco años más tarde, el tumor sigue en mi cabeza. Entretanto, he vivido una vida maravillosa y he tenido la oportunidad de ayudar a millones de personas a lo largo del camino. Esto ha sido posible gracias a que he desarrollado una sensación de seguridad inquebrantable frente a la incertidumbre. Si hubiera reaccionado de forma desproporcionada o seguido sin dudar el consejo de alguno de los médicos, sin considerar todas mis opciones, ahora echaría de menos una parte de mi cerebro, o tendría cáncer o, a lo mejor, ya estaría muerto. Si hubiera confiado en *ellos*, el resultado habría sido catastrófico. En cambio, encontré esa confianza dentro de mí, a pesar de que mis circunstancias seguían siendo las mismas.

¿Es posible que mañana me muera de un tumor cerebral? Sí. Pero también lo es que me atropelle un camión al cruzar la calle. Aun así, no vivo con miedo a lo que puede pasar. Pasé la página. **Tú también puedes sentir esa seguridad inquebrantable, solo depende de ti.** Cuando se trata de las áreas de tu vida que más importan —familia, fe, salud, finanzas— no dejes que nadie te diga lo que tienes que hacer. Está muy bien recibir asesoría experta, pero nunca debes delegar la decisión final. No cedas a nadie el control sobre tu propio destino, da igual lo franco que sea o lo calificado que esté.

¿Por qué te cuento esta historia sobre la vida y la muerte en un libro que trata sobre el dinero y la inversión? Porque es importante que entiendas que no hay *nada* seguro en esta vida. **Si lo que quieres es estar seguro de que nunca vas a perder dinero en los mercados finan-**

cieros, lo mejor será que guardes tus ahorros en metálico, aunque entonces no conseguirás alcanzar la libertad financiera. Como dice Warren Buffett: «La seguridad tiene un precio elevado».

Aun así, hay mucha gente que evita correr riesgos financieros porque la incertidumbre le aterroriza. En 2008 la bolsa estadounidense cayó un 37 por ciento (perdió más de 50 por ciento desde su punto más alto al más bajo). Cinco años más tarde, una encuesta de Prudential Financial reveló que el 44 por ciento de los estadounidenses se mostraban renuentes a volver a invertir su dinero en acciones porque *aún* recordaban con horror la crisis financiera. En 2015, otra encuesta reveló que cerca del 60 por ciento de los *millennials* desconfiaban de los mercados bursátiles por haber vivido en carne propia la quiebra de 2008 a 2009. De acuerdo al instituto de investigación Center for Applied Research de State Street, ¡muchos *millennials* guardan el 40 por ciento de sus ahorros en efectivo!

Me desmoraliza ver que hay tantos *millennials* que no invierten. **Porque permíteme decirte una cosa: si vives con miedo, perdiste la batalla incluso antes de comenzar. ¿Cómo quieres lograr algo en la vida si no tomas riesgos?** Hace cuatro siglos, Shakespeare escribió: «Los cobardes mueren varias veces antes de morir; los valientes saborean la muerte una sola vez».

Quiero ser franco contigo: ¡no pretendo que corras riesgos innecesarios! Cuando me enfrenté a mi problema de salud, visité a numerosos expertos, exploré todas las opciones posibles y me centré en los hechos, sin dejar que ninguna emoción o prejuicio profesional de alguien asumiera el mando. Entonces tomé una decisión informada y me adueñé de mi destino. Partía de una sensación de incertidumbre absoluta y este proceso me ayudó a alcanzar un sentimiento de seguridad inquebrantable.

Cuando uno invierte es lo mismo. **Nunca sabes qué va a pasar en la bolsa. Pero la incertidumbre no es excusa para la inacción.** Es posible obtener el control informándonos, estudiando las tendencias a largo plazo del mercado, imitando a los mejores inversionistas y tomando decisiones racionales con base en el conocimiento de lo que ha funcionado por décadas. Como dice Warren Buffett, «el riesgo viene de no saber lo que estás haciendo».

Hay algo sobre lo que sí estamos seguros: el mercado continuará desplomándose en el futuro, al igual que lo ha hecho en el pasado. ¿Pero vale la pena no hacer nada por temor a resultar herido? Créeme si te digo que no fue nada fácil descubrir que tenía un tumor en el cerebro. Pero en los últimos veinticinco años he salido adelante porque aprendí a afrontar las cosas con valentía. ¿Valentía implica no tener miedo? ¡No! Significa tener menos miedo. Cuando llegue el próximo ciclo bajista y el terror se apodere del resto de la gente, quiero que tú poseas el conocimiento y la fortaleza necesarios para sentir menos miedo. Saber enfrentarte a la incertidumbre con valentía te reportará grandes recompensas financieras.

De hecho, mientras otros viven temerosos de las tendencias bajistas, en este capítulo aprenderás que estas representan la mejor oportunidad que vas a tener en la vida para generar riqueza. ¿Por qué? ¡Porque es cuando empiezan las rebajas! Imagina que tu sueño es tener un Ferrari y descubres que puedes comprarlo a mitad de precio. ¿Te sentirías desanimado? ¡De ninguna manera! Sin embargo, cuando el mercado bursátil entra en un período de rebajas, ¡la mayoría de la gente reacciona como si esto fuera un desastre! Debes comprender que los ciclos bajistas están para servirte. Si mantienes la calma, podrán incluso acelerar tu camino hacia la libertad financiera. Al sentir esa confianza, las quiebras financieras te resultarán emocionantes.

Ahora voy a pasarle el testigo a mi amigo y socio Peter Mallouk, quien se encargará de explicarte cómo él y su compañía, Creative Planning, atravesaron el último gran período bajista ocurrido entre 2008 y 2009. A Peter no le gusta alardear de sus magníficos resultados. Pero déjame contarte que manejó la situación de crisis con tal maestría, que los activos que administraba su empresa se incrementaron de $ 500 millones a $ 1.8 mil millones de dólares de 2008 a 2010, con muy poca publicidad o mercadeo. En estos momentos administra un patrimonio de $ 22 mil millones de dólares que continúa aumentando sin parar. Además, Creative Planning es la única compañía que ha sido nombrada «mejor asesor financiero independiente» por tres años consecutivos por la revista *Barron's*.

Peter te enseñará cómo prepararte y sacarle provecho a un mercado bajista. Explicará que todo empieza con la creación de una cartera de inversión diversificada, que pueda prosperar contra viento y marea. También proporcionará un inestimable asesoramiento sobre técnicas de asignación de activos. Gracias a este conocimiento, ya no tendrás nada que temer frente al caos financiero. ¡Mientras otros huyen, tú te defenderás y vencerás el ciclo bajista!

PREPÁRATE PARA UN PERÍODO BAJISTA

PETER MALLOUK

«Una simple regla dicta mis compras: ser temeroso cuando los demás son codiciosos, y codicioso cuando los demás son temerosos. Y actualmente el miedo está muy expandido».

Warren Buffett, explicando por qué él compraba acciones mientras el mercado quebraba, octubre de 2008.

El ojo del huracán

El 29 de septiembre de 2008, el índice Dow Jones perdió 777 puntos. Fue la mayor caída registrada en un solo día y destruyó $ 1.2 billones de dólares de capital. Ese mismo día, el índice VIX, un barómetro que mide el miedo de los inversionistas, alcanzó su máximo histórico. El 5 de marzo de 2009, el mercado había caído más de un 50 por ciento, arrasado por la peor crisis financiera desde la Gran Depresión.

Fue la tormenta perfecta. Los bancos se derrumbaron. Los mejores fondos se vinieron abajo. El prestigio de los más reputados inversionistas de Wall Street se hizo añicos. Y aun así, considero que esos tiempos tan convulsos fueron de los momentos más importantes de mi carrera: mi empresa de gestión de patrimonio, Creative Planning, fue capaz de llevar a nuestros clientes a buen puerto y situarlos en una posición de ventaja no solo para sobrevivir la crisis, sino también para sacar buena tajada del posterior repunte.

Tony me pidió que compartiera esta historia porque encarna la lección más importante de este libro: los mercados bajistas pueden ser la mejor o la peor de las épocas, dependiendo de las decisiones que tú tomes. **Si te equivocas en tus decisiones, como lo hicieron la mayoría de las personas entre 2008 y 2009, es posible que te enfrentes a un desastre financiero y pierdas años, o incluso décadas, de ahorros. Pero si tomas las decisiones correctas, como hizo mi empresa y sus clientes, no tienes nada que temer.** Llegarás incluso a celebrar la llegada de un período bajista, ya que generan oportunidades únicas para buscadores de gangas con un carácter imperturbable.

¿Quieres saber cómo conseguimos mantenernos a flote cuando muchos otros sucumbieron? En primer lugar, ¡porque nuestro barco era mejor! Mucho antes de que todo este caos se desatara, nos estuvimos preparando para ello: éramos conscientes de que el buen tiempo siempre se acaba y que las tormentas son algo inevitable. Nadie sabe *cuándo* se va a producir un ciclo bajista, lo *duro* que será o cuánto durará. Pero como ya vimos en el capítulo 2, ha habido en promedio uno cada tres años, a lo largo de los últimos 115 años. Esta no es razón para correr en busca de refugio. En cambio, sí es razón para comprobar que tu navío es seguro y que está en buen estado para afrontar cualquier oleaje.

Como veremos más adelante, hay dos maneras de prepararse para soportar los vaivenes del mercado. Primero, necesitas que tu asignación de activos sea la correcta: una manera elegante de referirse a la proporción que tu cartera dedica a diferentes clases de activos, como acciones, bonos, propiedades inmobiliarias y otras inversiones alternativas. Segundo, que tu posición sea suficientemente conservadora (guardando algo de dinero para los momentos más difíciles) para que no te veas obligado a vender mientras las acciones estén devaluadas. Es el equivalente financiero a asegurarnos de que llevamos un arnés de seguridad, chaleco salvavidas y suficiente comida antes de aventurarnos mar adentro. **A mi modo de ver, el 90 por ciento del éxito al sobrevivir a una fase bajista depende de los preparativos.**

¿Cuál es el otro diez por ciento? La manera de reaccionar emocionalmente en medio de la tormenta. Mucha gente piensa que tiene nervios de acero. Pero como posiblemente hayas experimentado ya, la sensación psicológica que se genera cuando el mercado entra en caída libre y el pánico se apodera de todo es abrumadora. Este es uno de los motivos por los que un asesor financiero curtido en estas batallas puede ser de mucha utilidad. Te proporcionará un contrapeso emocional que te ayudará a no perder la calma y a no tirar la toalla ¡en el peor momento posible!

Nuestros clientes contaban con la ventaja de haber sido informados con antelación de todo lo que podría pasar. De esta manera evitábamos que sintieran una gran conmoción cuando se produjera la caída del mercado. Les explicamos el *razonamiento* que había detrás del diseño de sus carteras y les enseñamos cómo sus inversiones podrían reaccionar en una crisis bursátil. Es como si el médico nos advierte que un medicamento puede provocarnos mareos y vómitos: no estamos contentos si nos ocurre, ¡pero nos ayuda a sobrellevarlo mejor que si nos hubiera tomado totalmente por sorpresa!

Aun así, algunos clientes nos pidieron más garantías para sentirse seguros. «¿No sería mejor que retiráramos el dinero invertido en acciones y lo guardáramos en efectivo?», preguntaron. «¿No les parece que esta vez la caída es diferente?» Esto me recordaba una famosa cita de sir John Templeton: «Las cuatro palabras más caras en el mundo de la inversión son "esta vez es diferente"». ¡En pleno desplome del mercado, la gente *siempre* tiende a pensar que esa vez es diferente! Golpeados por las malas noticias que escuchan a diario en los medios de comunicación, se preguntan si es verdad que el mercado se recuperará algún día, o si la situación ya no tiene arreglo.

Hablaba seguido con mis clientes y les recordaba que todos los ciclos bajistas de la historia de Estados Unidos derivaban en ciclos alcistas, independientemente de lo que dijeran los medios en su momento. Piensa en la cantidad de tragedias y crisis que han asolado el siglo XX: la pandemia de gripe 1918, que acabó con la vida de 50 millones de personas en todo el mundo; el desplome de Wall Street de 1929, seguido por la Gran Depresión; dos guerras mundiales; numerosos conflictos bélicos, como los de Vietnam y el Golfo; el escándalo de Watergate, que llevó a la renuncia del presidente Nixon; además de incontables recesiones económicas y pánicos bursátiles. ¿Y cuál fue el comportamiento del mercado de valores durante este siglo tan convulso? El índice Dow Jones aumentó de manera implacable desde 66 hasta 11 497 puntos.

Esto es lo que nos enseña más de un siglo de historia: aunque las perspectivas a corto plazo sean terribles, la bolsa *siempre* repunta. ¿Por qué apostar entonces en contra de esa solidez y capacidad de recuperación demostradas? Esta visión histórica me proporciona una tranquilidad inquebrantable y espero que a ti te sirva para no perder de vista tu objetivo, independientemente de todas las correcciones y caídas que te encuentres por el camino.

Los mejores inversionistas saben que después de la tormenta *siempre* viene la calma. Por ejemplo, Templeton amasó una fortuna invirtiendo en acciones estadounidenses extremadamente baratas durante el período oscuro de la Segunda Guerra Mundial. Más tarde confesó que le gustaba invertir en el «momento de máximo pesimismo» porque es cuando hay un mayor número de ofertas disponible. De manera similar, en 1974 Warren Buffett aprovechó el momento en que los mercados estaban siendo castigados por el embargo árabe del crudo y el escándalo de Watergate para invertir agresivamente. Mientras la gente estaba desesperada, él era optimista y declaraba en la revista *Forbes*: «Ahora es el momento de invertir y hacerse rico».

A nivel psicológico, no resulta fácil comprar en un momento de pesimismo generalizado. Pero a menudo las recompensas llegan increíblemente rápido. El S&P 500 tocó fondo en octubre de 1974 y luego se elevó un 38 por ciento en los doce meses posteriores. En agosto de 1982, con una inflación fuera de control y unas tasas de interés de casi el 20 por ciento, el S&P 500 volvió a tocar fondo, y luego se disparó y subió un 59 por ciento en un año. Imagínate cómo se sintieron los inversionistas que se dejaron llevar por el pánico y vendieron sus participaciones en pleno mercado bajista. No solo cometieron el tremendo error de consolidar sus pérdidas, sino que también desperdiciaron la oportunidad de lograr grandes ganancias cuando el mercado remontó. Ese es el precio del miedo.

En 2008, cuando la tendencia bajista golpeó de nuevo, yo estaba decidido a aprovechar al máximo la ocasión. No tenía ni idea de cuándo se recuperaría el mercado, solo sabía que lo *haría*. En el peor momento de la crisis, mandé un comunicado a mis clientes: «No existe precedente histórico de ningún mercado que se haya mantenido a un nivel de valoración tan bajo... Solo pueden ocurrir dos cosas: el fin de los Estados Unidos tal y como los conocemos, o la recuperación. Pero siempre que los inversionistas han apostado por lo primero, han perdido».

Durante el tiempo que duró la crisis, continuamos invirtiendo en bolsa masivamente en nombre de nuestros clientes. Sacamos provecho de la fortaleza de algunos activos como los bonos y reinvertimos los beneficios en otros más débiles como acciones de empresas estadounidenses de pequeña y gran capitalización, valores internacionales y valores de mercados emergentes. En lugar de apostar por empresas individuales, compramos participaciones en fondos indexados, con el fin de obtener una diversificación instantánea (y a bajo costo) a lo largo de mercados absolutamente devaluados.

¿Y qué tal funcionó? Bueno, después de registrar en marzo de 2009 su nivel más bajo, el S&P 500 se revalorizó un 69.5 por ciento en solo un año. **En cinco años, este índice aumentó un 178 por ciento, reafirmando nuestra creencia de que los mercados bajistas suponen la mejor de las oportunidades para aquellos inversionistas que miran a largo plazo. Al escribir estas líneas, el mercado se ha incrementado un 266 por ciento desde el desplome de 2009.**

Como podrás imaginarte, nuestros clientes estaban eufóricos. Me siento orgulloso de decir que aguantaron el vendaval con entereza y apenas unos pocos abandonaron el barco. Como resultado, pudieron beneficiarse enormemente de la recuperación del mercado. Entre los que abandonaron hay dos clientes que recuerdo especialmente. Uno de ellos era un cliente nuevo que vino a vernos antes de la crisis con una cartera llena de inversiones inmobiliarias. Le ayudamos a diversificar y gracias a eso se ahorró un dineral cuando el mercado de la propiedad se derrumbó. Pero no pudo soportar la volatilidad de la bolsa. Lo invadió el pánico, sacó todo su dinero y lo guardó en metálico.

Al año siguiente lo llamé para ver qué tal le iba. Por entonces, el mercado había repuntado de forma espectacular. Pero él se mantenía al margen, demasiado nervioso para invertir. Lo último que supe es que todavía permanece al margen y que se ha perdido por tanto la tendencia alcista de los últimos siete años. Como mencionó antes Tony, la seguridad tiene un precio muy elevado.

El otro cliente que dejó Creative Planning durante la crisis lo hizo porque se sintió agobiado debido al exceso de noticias alarmistas en los medios. Escuchó a expertos en la materia afirmar que el mercado caería un 90 por ciento, que el dólar iba a quebrar o que los Estados Unidos se iban a declarar en bancarrota, y todas estas predicciones lo aterrorizaron. Para empeorar las cosas, su hija alimentó todavía más estos miedos. Trabajaba en Goldman Sachs, una compañía donde no faltaba la gente brillante. Pero uno de sus compañeros la convenció de que el sistema financiero terminaría por colapsar y de que el oro era el único valor seguro. Su padre le hizo caso, vendió sus acciones en el peor momento y perdió una fortuna en oro. Cuando unos meses más tarde volvimos a charlar, las acciones estaban en escalada vertiginosa, pero él ya no tenía ánimos para volver a intentarlo. Tenía la moral por los suelos.

Me entristece tener que decir esto, pero estos dos antiguos clientes sufrieron daños financieros permanentes por tomar decisiones precipitadas durante el período bajista. ¿La razón? Se dejaron llevar por sus emociones. En el próximo capítulo estudiaremos cómo evitar algunos de los errores psicológicos más comunes en los que cayeron nuestros inversionistas. **Pero antes, vamos a centrarnos en un asunto igual de importante: cómo prepararnos para el siguiente mercado bajista, construyendo una cartera diversificada que reduzca los riesgos y**

potencie los ingresos. ¡Esto te ayudará a generar riqueza en cualquier circunstancia y te permitirá dormir profundamente toda la noche!

Los ingredientes del éxito

Harry Markowitz, Premio Nobel de Economía, afirmó que la diversificación es la «única comida gratis» en la industria financiera. Si esto es así, ¿de qué ingredientes se compone? A continuación, los repasaremos rápidamente, centrando nuestra atención en las acciones, bonos y otras alternativas. Después analizaremos cómo combinarlos para crear una cartera bien diversificada. Pero antes de entrar en materia, quisiera puntualizar *por qué* una cartera debe incluir múltiples clases de activos.

Empecemos con un simple experimento. Imagínate que tengo un montón de invitados en casa y les ofrezco un dólar a cada uno a cambio de cruzar la calle. En ese momento vivo en un barrio tranquilo de las afueras. Así que uno podría pensar que estoy regalando el dinero. Pero ¿qué pasa si repito la misma oferta y esta vez los dejo elegir entre cruzar la calle o una autopista de cuatro carriles? Que nadie va a cruzar la autopista. ¿Y si a cambio les prometo 1000 o 10 000 dólares? Si voy aumentando la cantidad, ¡llegaré a una cifra capaz de convencer a *alguien* de hacerlo!

Lo que acabo de contar ilustra la relación entre el riesgo y la recompensa. En ambas opciones existe el riesgo de resultar herido, pero si el riesgo aumenta, también debe hacerlo la recompensa, si queremos que siga considerándose un buen trato. **La recompensa adicional que se obtiene a cambio de tomar un mayor riesgo se denomina «prima de riesgo».** A la hora de asignar activos, los expertos evalúan la prima de riesgo de cada uno de ellos. Cuanto mayor riesgo haya asociado a un activo, mayor será la tasa de rentabilidad exigida por el inversionista.

Como asesor financiero, construyo las carteras de mis clientes combinando diversos tipos de activos, cada uno con características de riesgo y tasas de rentabilidad diferentes. **¿El objetivo? Equilibrar el rendimiento de la inversión con el nivel de riesgo que estés dispues-**

to a asumir. Lo bonito de la diversificación es que permite obtener un mayor rendimiento sin exponerte a un mayor riesgo. ¿Cómo es eso posible? Porque los precios de los activos que son de distintas clases no se mueven de forma coordinada. En el año 2008 el S&P 500 cayó un 38 por ciento, mientras que los bonos de grado de inversión subieron un 5.24 por ciento.[13] Aquellos que tenían acciones y bonos corrieron menos riesgos —y obtuvieron mejores resultados— que los que solo tenían acciones.

¡Veamos ahora las principales clases de activos que podemos combinar y que nos ayudarán a alcanzar nuestro sueño dorado!

Acciones

Una acción no es un billete de lotería. Cuando compras una acción, te conviertes en dueño de parte de una empresa real. El valor de tus acciones cambiará en función de la percepción que se tenga sobre su rendimiento. Existen muchas acciones que también pagan dividendos, un reparto trimestral de beneficios pagados a los accionistas. Al invertir en acciones, pasas de ser consumidor a ser propietario. Si te compras un iPhone, eres un consumidor de un producto de Apple; si adquieres una acción de Apple, eres propietario de la empresa y tienes derecho a un porcentaje de sus futuras ganancias.

¿Cuánto puedes ganar si inviertes en acciones? Es imposible predecirlo, pero podemos hacernos una idea (muy) general observando lo que ha ocurrido en el pasado. *A lo largo de más de un siglo, el mercado bursátil se ha revalorizado en promedio entre un nueve y un diez por ciento anual*. Pero estas cifras son engañosas, ya que no reflejan la volatilidad de las acciones en todo ese tiempo. No es algo inusual que los mercados caigan entre un veinte y un cincuenta por ciento cada pocos años. **En promedio, esto pasa una vez cada cuatro años**. Es importante que recuerdes este dato, pues te ayudará a no desconcertarte cuando las acciones bajen y evitará que corras riesgos innecesarios. **Al mismo**

---

[13] Rendimiento en 2008 del índice Bloomberg Barclays US Aggregate Bond.

tiempo, es bueno saber que el mercado genera beneficios en tres de cada cuatro años.

A corto plazo, la bolsa es absolutamente imprevisible, ¡aunque muchos «expertos» afirmen lo contrario! En enero de 2016, el S&P 500 se hundió de golpe un 11 por ciento; después dio media vuelta y volvió a ascender casi igual de rápido.

¿Por qué? Howard Marks, uno de los inversionistas más respetados de los Estados Unidos, le dijo a Tony con franqueza que «no había ningún motivo para el descenso, como tampoco lo había para la posterior recuperación».

Pero a largo plazo, no hay nada que refleje mejor el desarrollo económico que la bolsa de valores. **Con el tiempo, la economía y la población crecen y los trabajadores se vuelven más productivos. Esta expansión económica consigue que las compañías sean más rentables, lo que provoca un aumento en el precio de las acciones.** Esto explica por qué el mercado ha subido en el último siglo, a pesar de las diferentes guerras, quiebras y crisis. ¿Entiendes ahora por qué vale la pena invertir a largo plazo en la bolsa de valores?

Nadie lo sabe mejor que Warren Buffett. En octubre de 2008, Buffett escribió un artículo para *The New York Times* animando a la gente a comprar acciones estadounidenses mientras estuvieran en oferta, a pesar de que en esos momentos el sector financiero se encontraba «patas arriba» y los «titulares iban a seguir infundiendo miedo». Esto fue lo que dijo: «Recordemos los primeros días de la Segunda Guerra Mundial, cuando las cosas pintaban mal para Estados Unidos en Europa y el Pacífico. El mercado tocó fondo en abril de 1942, bastante antes de que la suerte se pusiera de parte de los aliados. Luego, a principios de 1980, surgió de nuevo una oportunidad para comprar acciones justo cuando la inflación estaba desbocada y la economía, estancada. **En resumidas cuentas, las malas noticias son grandes amigas de los inversionistas.** Nos permiten adquirir una parte del futuro de los Estados Unidos a un precio rebajado. A largo plazo, las noticias sobre el mercado volverán a ser buenas».

Te recomiendo no olvidar nunca esta frase: «*A largo plazo, las noticias sobre el mercado volverán a ser buenas*». Si realmente entiendes lo que significa, te ayudará a ser más paciente, a mostrar una voluntad inquebrantable y, finalmente, a ser rico.

Entonces, ¿qué peso deberías asignar a las acciones en tu cartera? Si piensas que la economía y los negocios van a mejorar en los próximos diez años, tiene sentido asignar una buena parte de tus inversiones al mercado bursátil.

El mercado casi siempre crece durante un período de diez años. Pese a todo, no hay garantías. Un estudio de la empresa de gestión de patrimonio BlackRock mostró que el mercado había promediado un -1 por ciento anual entre los años 1929 y 1938. ¿La parte buena? Black Rock señaló que esta década de pérdidas fue seguida por dos períodos de diez años consecutivos con fuertes ganancias, cuando la bolsa reanudó su trayectoria alcista.

Naturalmente, el reto consiste en mantenerse en el mercado el tiempo necesario para disfrutar de estas ganancias. Lo peor que te puede pasar es verte forzado a vender durante un ciclo bajista prolongado. ¿Cómo puedes evitarlo? Para empezar, no vivas por encima de tus posibilidades ni te endeudes demasiado, dos maneras seguras de ponerte en una situación vulnerable. Intenta siempre mantener un colchón financiero para que, si necesitas efectivo, no tengas que vender tus acciones en pleno desplome del mercado. Una manera de crear y mantener ese colchón es invirtiendo en bonos.

Bonos

Cuando compras un bono, estás prestando dinero al gobierno, a una empresa o a alguna otra entidad. A la industria de los servicios financieros le gusta que esto parezca complejo, pero es algo muy sencillo. Los bonos son préstamos. Cuando le prestas dinero al gobierno federal, adquieres un bono del Tesoro. Si el préstamo es a una ciudad, un estado o un condado, se le llama bono municipal. Si es a una empresa como Microsoft, es un bono corporativo. Y cuando le prestas a una compañía menos fiable, se trata de un bono de alto riesgo o un bono basura. *¡Voilà!* Completaste el curso de introducción a los bonos.

¿Cuánto se puede ganar como prestamista? Depende. Si prestas dinero al gobierno de Estados Unidos, no ganarás mucho, ya que el riesgo de que incumpla sus deudas es muy bajo. Si le prestas al gobierno de Venezuela (donde la inflación está disparada), el riesgo es mucho mayor, por lo que la tasa de interés también tendría que ser mucho más alta. De nuevo, se trata de encontrar el equilibrio entre riesgo y recompensa. El gobierno de Estados Unidos te pide que cruces una carretera rural sin tráfico en un día soleado, mientras que el de Venezuela te pide que lo hagas en una autopista muy transitada, durante una noche tormentosa y mientras llevas una venda en los ojos.

Las probabilidades de que una empresa quiebre y no pueda pagar a los titulares de sus bonos son más altas que las probabilidades de que el gobierno de Estados Unidos no pague sus préstamos. Por ese motivo, la empresa tiene que ofrecer una mayor rentabilidad. De igual forma, una compañía tecnológica que está empezando y que quiera pedir dinero prestado, deberá ofrecer mejores tasas de interés que un gigante consolidado como Microsoft. Las agencias de calificación como Moody's utilizan términos como «Aaa» y «Baa3» para clasificar los riesgos crediticios.

El otro factor crítico que se debe tener en cuenta es la duración del préstamo. Hoy día, el gobierno de Estados Unidos paga el bono a diez años con un 1.8 por ciento de interés anual. Si aumentamos el plazo de vencimiento del bono a treinta años, la rentabilidad sube a un 2.4 por ciento anual. Hay una razón muy simple que explica por qué se obtiene un mayor beneficio cuando el crédito es a más largo plazo: el riesgo es más elevado.

¿Por qué hay gente interesada en comprar bonos? Para empezar, porque son mucho más seguros que las acciones. Esto se debe a que el prestatario está obligado por ley a reembolsar el dinero. Si mantienes un bono hasta su vencimiento, recibirás la cantidad prestada más los pagos de intereses, a menos que el emisor del bono se declare en bancarrota. Los bonos son una clase de activo que proporciona un rendimiento anual positivo el 85 por ciento de las veces.

Entonces, ¿cuál es el peso que deberían tener los bonos en nuestra cartera? Los inversionistas conservadores que ya están jubilados o que no sobrellevan bien la volatilidad de las acciones pueden invertir un amplio porcentaje de sus activos en bonos. Los inversionistas menos conservadores pueden destinar una menor cantidad de activos a bonos de alta calidad para atender cualquier posible necesidad económica que pudiera surgir durante los siguientes dos a siete años. Los inversionistas más agresivos pueden asignar una parte de su dinero a la compra de bonos y así conseguir liquidez de una forma inmediata cuando el mercado se devalúa. **Esto es exactamente lo que hizo Creative Planning durante la crisis financiera: vendimos algunos bonos de nuestros clientes y reinvertimos el dinero en acciones, consiguiendo verdaderas gangas.**

Solo hay un problema y es que debido a las extrañas circunstancias económicas actuales resulta difícil sentirse atraído a comprar bonos. Los intereses que ofrecen están por el suelo, por lo que no ganas casi nada a cambio del riesgo que asumes. La opción de invertir en bonos del Tesoro de Estados Unidos es poco tentadora, si tenemos en cuenta que están sujetos a las tasas de interés más bajas de su historia. En otros países la situación es aún peor: el gobierno italiano puso recientemente en circulación un bono a cincuenta años con un 2.8 por ciento de interés. ¡Correcto! Prestas tu dinero medio siglo y puedes considerarte «afortunado» si obtienes una rentabilidad del 2.8 por ciento anual, *siempre y cuando* este país, económicamente vulnerable, no se vea envuelto en serias dificultades. Es una de las peores apuestas que he visto.

La cuestión es que, hoy día, no ganas nada manteniendo tus ahorros en metálico. De hecho, si tenemos en cuenta la inflación, puedes perder dinero. Al menos con los bonos consigues algún ingreso. En mi opinión, los bonos representan en estos momentos la mejor opción dentro de las peores.

Inversiones alternativas

Cualquier inversión que no sea en acciones, en bonos o en efectivo es considerada alternativa. Esto incluye activos tan exóticos como una colección de cuadros de Pablo Picasso, un sótano lleno de vinos exclusivos, unos cuantos automóviles antiguos guardados en un garaje climatizado, joyas de valor incalculable y un rancho de más de cuarenta mil hectáreas. En este libro nos vamos a centrar en las alternativas más populares e interesantes para un mayor número de personas.

Pero, antes de empezar, quiero hacer una advertencia: muchas de las alternativas que vamos a ver son ilíquidas (es decir, difíciles de vender), carecen de ventajas fiscales y tienen unos costos elevados. Dicho esto, quiero añadir que poseen dos grandes atractivos: son capaces de generar (a veces) rendimientos superiores y pueden ser independientes de los mercados de valores y bonos, lo que resulta útil a la hora de diversificar tu cartera y reducir el riesgo asociado. Por ejemplo, si el mercado bursátil cae un 50 por ciento, tu patrimonio neto no tiene por qué perder un 50 por ciento, ya que tus huevos no están en la misma canasta. Cualquier desafío al que te enfrentes será mucho menos grave.

Pasemos ahora a analizar cinco alternativas. Empezaremos con tres que me agradan, seguidas de otras dos que no:

- Fondos de inversión inmobiliaria. Seguro que sabes de alguien al que le ha ido muy bien invirtiendo en propiedades inmobiliarias. Pero la mayoría de nosotros no podemos permitirnos diversificar comprando un montón de casas o apartamentos. Este es uno de los motivos por los que me gusta invertir en fondos de inversión inmobiliaria (REIT, por sus siglas en inglés). Gracias a ellos logramos una amplia diversificación, tanto a nivel geográfico como entre diferentes tipos de propiedades, sin complicaciones y a un costo bajo. Por ejemplo, puedes tener una pequeña participación en un REIT que invierte en activos como edificios de apartamentos, torres de oficinas, residencias de ancianos, consultorios médicos o centros comerciales. No solo te beneficias de cualquier aumento del valor de los inmuebles que hacen parte del fondo, sino que, además, recibes un considerable flujo de ingresos.

- Fondos de capital privado. Los fondos de capital privado invierten el dinero en comprar empresas o parte de ellas. Luego añaden valor a esa inversión a través de diversas iniciativas, como, por ejemplo, llevando a cabo una reestructuración del negocio, recortando los gastos y aumentando la eficiencia fiscal. Por último, tratan de vender la compañía a un precio mucho mayor. Las ventajas: si el fondo es gestionado de forma competente, puede reportar grandes beneficios al mismo tiempo que añade una mayor diversificación a tu cartera al operar en el mercado privado. Las desventajas: estos fondos son ilíquidos, conllevan un riesgo elevado y cobran grandes comisiones. En Creative Planning usamos nuestros contactos para conseguir un acceso privilegiado a fondos administrados por una de las diez mejores empresas del país. La inversión mínima es normalmente de diez millones de dólares, pero nuestros clientes pueden participar a partir de un millón de dólares. Como puedes ver, esto no es para todo el mundo, aunque los mejores fondos realmente merecen los altos honorarios que piden.

- *Master limited partnerships.* Soy un gran entusiasta de los MLP, cuyas siglas se traducen en sociedades limitadas que cotizan en bolsa y que invierten en infraestructura relacionada con la energía, como oleoductos y gasoductos. ¿Cuál es su atractivo? Tal y como comentó Tony en el capítulo anterior, a veces recomendamos invertir en MLP porque generan una gran cantidad de ingresos y tienen exenciones fiscales. Quizás no sean una opción válida para muchos inversionistas (especialmente si eres joven), pero resultan estupendos para aquellos inversionistas de más de cincuenta que poseen una cuenta grande y sujeta a gravamen.

- Oro. Algunas personas están absolutamente convencidas de que el oro es la mejor protección frente a un desastre económico. Sus argumentos se basan en que este metal sería la única moneda de cambio real si la economía se viniera abajo, la inflación se disparara o el dólar se derrumbara. ¿Mi opinión? El oro no genera ingresos ni es un recurso básico. Como dijo Warren Buffett: «Excavamos en África o en cualquier otro lado para conseguir oro. Tras esto lo fundimos, lo metemos en otro agujero y lo enterramos otra vez poniendo gente a su alrededor para vigilarlo. No tiene ninguna utilidad. Si alguien nos estuviera viendo desde Marte, se rascaría la cabeza ante este comportamiento». Aun así, hay ocasiones en que el precio del oro se eleva ¡y todos corren a acumular lingotes! Cada vez que esto ocurre —sin excepción—, la cotización del oro se termina desplomando. Tanto las acciones, como los bonos, los productos básicos energéticos y el mercado inmobiliario han rendido más que el oro a lo largo de la historia. Así que no cuenten conmigo.

- Fondo de inversión de alto riesgo. En Creative Planning no trabajamos con ningún fondo de alto riesgo. ¿Por qué? Porque, aunque algunas de estas sociedades privadas hayan logrado mantener unos resultados extraordinarios a lo largo de muchos años, son una pequeña minoría, y, además, los fondos de mayor éxito no suelen aceptar nuevos inversionistas. El problema es que los fondos de alto riesgo parten con una gran desventaja en todas las principales categorías: comisiones, impuestos, gestión del riesgo, transparencia y liquidez. La mayoría tienen una comisión fija del dos por ciento anual, más un veinte por ciento de las ganancias que obtengan sus clientes. ¿Qué ofrecen a cambio? Bueno, entre 2009 y 2015, el rendimiento del fondo de alto riesgo promedio quedó por detrás del S&P 500 seis años consecutivos. En 2014, el fondo de pensiones más grande del país, CalPERS (California Public Employees' Retirement System,

Sistema de Pensiones de los Empleados Públicos de California), abandonó por completo los fondos de alto riesgo. En mi opinión, los fondos de alto riesgo han sido especialmente diseñados para ilusos o para especuladores a los que les gusta hacer apuestas a lo grande. Harán rico a alguien, pero lo más probable es que no seamos tú ni yo.

ESTRATEGIA PERSONALIZADA DE ASIGNACIÓN DE ACTIVOS

Ahora ya conoces los ingredientes, pero te falta saber cómo combinarlos para elaborar el plato perfecto. La verdad es que no existe un método universal. Aun así, muchos asesores emplean una estrategia estándar a la hora de asignar activos, haciendo caso omiso de las distintas necesidades de sus clientes. Es como servirle una carne a un vegetariano o una ensalada a un carnívoro.

Una estrategia habitual —aunque equivocada— consiste en utilizar la edad de una persona para determinar el porcentaje de bonos de su cartera. Por ejemplo, si tienes 55 años, los bonos representarán el 55 por ciento de tu cartera. Para mí esto es desproporcionadamente simple. **En realidad, el tipo de activos que poseas en tu portafolio debería tener en cuenta tus circunstancias personales.** Después de todo, una madre soltera de 55 años que está ahorrando para la universidad de su hijo tiene unas prioridades diferentes a las de un empresario de su misma edad que acaba de ganar millones vendiendo su negocio y desea dedicarse a las obras de caridad. ¡No tiene ninguna lógica pensar que sus necesidades son iguales solo porque ambos tienen la misma edad!

Otra estrategia común es asignar activos según la tolerancia al riesgo de una persona. Cuando te vuelves cliente, llenas un cuestionario para comprobar si eres un inversionista de corte conservador o agresivo. Una vez completado ese formulario, se te asigna un modelo de inversión prediseñado que, supuestamente, encaja con tu perfil de riesgo. Para mí, este sistema es igual de incorrecto porque no cubre tus necesidades reales. ¿Y si resulta que sientes aversión al riesgo, pero no puedes jubilarte a menos que inviertas masivamente en acciones? En ese caso, un portafolio repleto de bonos solo te llevará al fracaso.

Entonces, ¿cuáles son los factores que deberíamos considerar para conseguir una asignación de activos exitosa? A mi modo de ver, la pregunta a la que tanto tú como tu asesor financiero deben responder es: **¿Qué clases de activos te van a ayudar mejor a moverte de dónde estás ahora a dónde tienes que estar?** Dicho de otra forma, el diseño de tu cartera debe basarse en tus necesidades concretas.

Tu asesor debería empezar por tener claro dónde estás hoy (tu punto de partida), cuánto estás dispuesto a ahorrar y en qué condiciones, cuánto dinero vas a necesitar y cuándo (tu destino) lo vas a necesitar. Una vez que todo esté bien definido, lo siguiente sería darte las instrucciones personalizadas para alcanzar tu meta. ¿Puedes resolver esto tú solo sin tener que pedir ayuda a un profesional? Seguro que sí. Pero hay mucho en juego y es mejor no equivocarse. Lo más lógico es que contrates a alguien, a menos que seas particularmente hábil en este tema.

En cualquier caso, digamos que necesitas una rentabilidad anual del siete por ciento durante quince años para poder jubilarte. Tu asesor podría concluir que, en ese caso, deberías invertir 75 por ciento de tu cartera en acciones y 25 por ciento en bonos. Da igual que tengas cincuenta o sesenta años. No lo olvides: son tus *necesidades* las que determinan tu asignación de activos, no tu edad. Una vez tu asesor defina la asignación más adecuada a tus necesidades, deben hablar sobre si te sientes capaz de soportar la volatilidad a la que estarás expuesto. Si la respuesta es no, tendrás que ajustar a la baja tus objetivos para que tu asesor pueda idear una asignación más conservadora.

Un asesor experto configurará tu cartera para que se ajuste a tu situación financiera particular. Imagínate que trabajas para una compañía petrolera y tienes una parte bastante considerable de tu patrimonio neto en acciones de la empresa. Tu asesor tendrá que adaptar la asignación de activos de tu cartera con el fin de garantizar que tus inversiones no sean excesivamente dependientes del futuro del sector energético.

Otro asunto importante es la creación de un plan de acción personalizado que minimice el impacto fiscal. Supongamos que le muestras tu cartera de inversión a un nuevo asesor. Al ver que tu asignación de activos está totalmente desbalanceada, te sugiere cambiarla por completo. Eso estaría bien si viviéramos en un mundo ideal. Pero ¿y si tus inversiones han tenido buenos resultados y, al venderlas, perdieras un montón de dinero debido a la tasa impositiva sobre las ganancias de capital? Lo primero que haría un asesor experto sería evaluar el impacto fiscal de la venta de esos activos. Como consecuencia, es posible que una estrategia a más largo plazo sea tu mejor opción, por ejemplo, usando tus contribuciones mensuales adicionales para conformar tu nuevo portafolio.

La clave es encontrar un asesor que sepa adaptar tu cartera a tus necesidades concretas. Aplicar un sistema estandarizado a la hora de asignar activos puede tener efectos desastrosos. Es como ir al médico y que te diga: «El medicamento que te estoy recetando es lo mejor que hay para la artritis». Y tú le contestes: «Me parece estupendo doctor, ¡pero yo no tengo artritis! Solo es un resfriado».

ENFOQUE NÚCLEO / SATÉLITE

Antes de terminar este capítulo, me gustaría compartir contigo unas cuantas reglas básicas a la hora de conformar (o reconformar) tu portafolio. Estas reglas se inspiran en los principios básicos que seguimos en Creative Planning y estoy convencido de que te serán útiles tanto en los buenos como en los malos momentos.

1. **La asignación de activos es el principal factor del rendimiento.** Es vital que comprendas que lo que determinará mayormente el rendimiento de tu inversión será la asignación de activos de tu cartera. **Por lo que escoger el equilibrio justo de acciones, bonos y otras alternativas es la decisión de inversión más importante que tomarás.** Independientemente de la combinación que elijas,

asegúrate de diversificar entre múltiples clases de acciones a lo largo del globo. Imagínate que eres un inversionista japonés que tiene todo su capital en valores nacionales: el mercado japonés está aún por debajo de los máximos demenciales que alcanzó en 1989. **Moraleja: no apuestes nunca tu futuro a un solo país o una sola clase de activo.**

2. **Utiliza fondos indexados como base de tu cartera.** En Creative Planning utilizamos una estrategia para asignar activos denominada «núcleo/satélite». El núcleo de los portafolios de nuestros clientes son acciones de Estados Unidos e internacionales. Usamos fondos indexados porque ofrecen una amplia diversificación a un bajo costo y superan a casi todos los fondos de gestión activa a largo plazo. Para obtener la máxima diversificación, invertimos en valores con distintas dimensiones económicas: de gran, mediana, pequeña y micro capitalización. Al poseer tanta variedad, nos protegemos del riesgo de que una parte del mercado (como las acciones tecnológicas o las bancarias) se hunda. Con los fondos indexados aprovechamos la trayectoria alcista del mercado a largo plazo sin dejar que los gastos devoren nuestros ingresos. Para el resto de secciones de tu cartera, estamos abiertos a considerar otras opciones más complejas, como veremos más adelante.

3. **Dispón siempre de un colchón.** No te veas nunca en la obligación de tener que vender tus inversiones bursátiles en el peor momento. Para evitarlo, lo mejor es tener un colchón financiero. En Creative Planning nos aseguramos de que nuestros clientes cuenten con una proporción adecuada de inversiones que producen ingresos, como bonos, REIT, MLP, y acciones que pagan dividendos. También diversificamos al máximo dentro de esta clase de activos, por ejemplo, invirtiendo en bonos del Estado, municipales y corporativos. Si las acciones se desploman, podemos vender algunas de estas inversiones generadoras de ingresos (idealmente bonos, ya que son activos líquidos) y emplear las ganancias en comprar valores rebajados. Esto nos pone en una posición de fuerza y nos permite

considerar el mercado bajista como un amigo, en lugar de como un terrible enemigo.

4. **La regla del siete**. Nos gusta que nuestros clientes tengan el equivalente a siete años de ingresos invertidos en activos como bonos o MLP. Si las acciones caen, podemos recurrir a ellos para satisfacer las demandas más inmediatas de nuestros clientes. Pero ¿y si no puedes ahorrar tantos años de ingresos? Comienza con un objetivo factible y ve subiendo la cantidad poco a poco. Podrías empezar ahorrando tres o seis meses de ingresos y luego ir aumentando la cantidad a lo largo de los años hasta que alcances la meta. Si crees que es imposible, déjame contarte la increíble historia de Theodore Johnson, un trabajador de UPS que nunca llegó a ganar más de 14 000 dólares anuales. Ahorró 20 por ciento de su sueldo, más los extras, y lo invirtió en acciones de la compañía. Cuando cumplió 90, había acumulado ¡70 millones de dólares! **Moraleja: nunca hay que subestimar el enorme poder que tiene un plan de ahorro combinado con el interés compuesto a largo plazo.**

5. **Explora**. El núcleo de las carteras de inversión de nuestros clientes lo forman fondos indexados que, simplemente, igualan el rendimiento del mercado. Pero más allá del núcleo, puede valer la pena *explorar* diferentes alternativas, los «satélites», que ofrezcan posibilidades razonables de generar buenas rentabilidades. Por ejemplo, un inversionista acaudalado podría añadir una inversión de alto riesgo y alta rentabilidad en un fondo de capital privado. También podrías pensar que un inversionista de la talla de Warren Buffett juega con cierta ventaja, lo que justificaría invertir una pequeña parte de tu cartera en acciones de su compañía, Berkshire Hathaway.

6. **Reequilibra**. Soy un gran defensor del «reequilibrio», es decir, hacer que tu portafolio vuelva a su asignación inicial de activos de forma regular, por ejemplo, una vez al año. En Creative Planning aprovechamos las oportunidades de compra cuando surgen, en lugar de esperar a que acabe el año o el trimestre. La cosa fun-

ciona así: supón que empiezas con una inversión compuesta en un 60 por ciento de acciones y un 40 por ciento de bonos; si el mercado de valores se desploma, tu inversión pasaría a estar formada por un 45 por ciento de acciones y un 55 por ciento en bonos. En ese momento harías un reequilibrio, vendiendo los bonos y comprando acciones. **Como le dijo a Tony el profesor Burton Malkiel de la Universidad de Princeton, los inversionistas que no tienen éxito son los que tienden a «comprar lo que está subiendo y a vender lo que está bajando». Una de las ventajas del reequilibrio, comenta Malkiel, es que «logra que actúes de forma contraria a tus impulsos», ya que te fuerza a comprar activos subvalorados que nadie más quiere. Cuando se recuperen, serás generosamente recompensado.**

UNA ÚLTIMA PALABRA

Si sigues los consejos que te damos en este capítulo, serás capaz de enfrentar cualquier temporal. Cuenta con que seguramente vendrán tiempos difíciles plagados, además, de noticias alarmantes. Pero tendrás la tranquilidad de saber que tu cartera está lo suficientemente diversificada como para resistir cualquier embate del mercado.

En el capítulo 2 aprendiste que no hay que temerle a las correcciones del mercado, y espero que ahora también veas que tampoco es necesario tenerle miedo a los períodos bajistas. De hecho, durante estos períodos es cuando aparecen las mejores oportunidades de compra que te ayudarán a dar el salto a un nuevo nivel de riqueza. Un mercado bajista es un regalo que recibes, en promedio, una vez cada tres años. No es el momento de luchar por sobrevivir, es el momento de sobresalir.

Pero como tú y yo sabemos, existen grandes diferencias entre teoría y práctica. Solo hace falta recordar lo que le ocurrió a mi antiguo cliente, cuando retiró el dinero que tenía invertido en el mercado bursátil para apostarlo todo al oro durante el último ciclo bajista. El miedo lo llevó a tirar por la borda un plan especialmente diseñado para garantizarle la libertad financiera total a largo plazo. Entonces, ¿cómo puedes asegurarte de que tus emociones no te van a traicionar ni te van a apartar del camino?

El siguiente capítulo se centrará en cómo dominar la psicología de la riqueza para que no cometas esos errores financieros tan comunes —y perfectamente evitables— que vemos repetirse una y otra vez. Descubrirás que solo hay un verdadero obstáculo para alcanzar el éxito financiero: ¡tú! Una vez aprendas a silenciar a tu enemigo interior, nada podrá detenerte.

TERCERA PARTE

LA PSICOLOGÍA DE LA RIQUEZA

CAPÍTULO 7
CÓMO SILENCIAR A TU ENEMIGO INTERIOR

*Los seis errores económicos que cometen
los inversionistas y cómo evitarlos*

*«El principal problema del inversionista, e incluso su peor enemigo,
es probablemente él mismo».*

BENJAMIN GRAHAM, AUTOR DE *EL INVERSOR
INTELIGENTE* Y MENTOR DE WARREN BUFFETT

¡Felicidades! Lograste llegar hasta aquí y adquiriste el conocimiento necesario para ser realmente inquebrantable.

Sabes a qué estar atento, conoces las razones para dejar de sentir miedo a las inevitables correcciones y quiebras y, por si fuera poco, aprendiste las estrategias que siguen los mejores inversionistas del planeta. Sumado al entendimiento que ahora tienes sobre las comisiones y sobre cómo encontrar a un asesor financiero competente y efectivo, esto te dará una ventaja increíble. Si pones en práctica el poderoso conocimiento que has reunido a lo largo de este viaje, podrás mantenerte lúcido e inquebrantable frente a la incertidumbre. ¡Cuentas con un método infalible que te ayudará a alcanzar la libertad financiera!

Pero... ¿qué podría estropearlo?

Te daré una pista: es algo muy cercano a ti. *¡Eres tú!* **Exacto. La mayor amenaza a tu bienestar económico eres tú mismo.** No es mi intención insultarte. El problema es que el cerebro humano fue específicamente diseñado para tomar decisiones de inversión estúpidas. Puedes hacerlo todo bien: invertir en fondos indexados de bajo costo, reducir al máximo las comisiones y la carga tributaria, y diversificar de forma adecuada. Pero si no eres capaz de controlar tu mente, acabarás siendo víctima de tu propio sabotaje.

En realidad, esta forma de autodestrucción forma parte de un patrón de comportamiento mucho más general. Tenemos una tendencia a ser nuestro peor enemigo en todos los ámbitos de nuestra vida: citas, matrimonio, crianza de nuestros hijos, entorno laboral, salud y estado físico, finanzas personales, etcétera. Esto es así porque nuestro cerebro está programado para evitar el dolor y buscar el placer. De manera instintiva, deseamos todo lo que pueda darnos sensaciones gratificantes. No hace falta que te diga que esta no siempre es la mejor receta para tomar una decisión inteligente.

De hecho, nuestro cerebro es particularmente propenso a las malas decisiones cuando hay dinero en juego.

Como veremos más adelante, estamos sujetos a una serie de prejuicios mentales —o puntos ciegos— que hacen que nos resulte extremadamente difícil invertir de manera racional. No es culpa nuestra. Forma parte de la naturaleza humana. Es algo integrado a nuestro sistema, como un fragmento de código defectuoso en un programa informático.

Este capítulo te proporcionará los conocimientos y herramientas necesarios para vencer esta tendencia natural que sabotea nuestro viaje hacia la libertad financiera.

Te pongo un ejemplo: *neurólogos expertos descubrieron que las zonas del cerebro que procesan las pérdidas económicas son las mismas que responden a las amenazas mortales.* Piensa por un momento lo que esto significa. Imagina que eres un cazador-recolector buscando qué cenar en medio del bosque cuando, de repente, te tropiezas con un tigre dientes de sable de muy malas pulgas. Tu cerebro se pone en estado de alerta máxima y te envía mensajes urgentes para que hagas frente a la bestia o corras por tu vida. Es posible que agarres tu lanza o la piedra más cercana y luches por sobrevivir, o que te des a la fuga rumbo a las colinas y te escondas en una oscura cueva.

Ahora supón que estamos en el año 2008 y eres un inversionista con una gran parte de tus ahorros en la bolsa de valores. La crisis financiera global golpea con fuerza el mercado, tu inversión se está yendo a pique y empiezas a asumir mentalmente el hecho de que estás perdiendo un montón de dinero. Para tu cerebro, este es el equivalente financiero de un tigre dientes de sable rugiendo en tu cara antes de convertirte en su cena.

¿Qué sucede entonces? ¡Alerta roja! Nuestro mecanismo de supervivencia ancestral comienza a mandarnos mensajes advirtiéndonos de un peligro mortal. Tu lado racional te dice que lo inteligente es comprar más acciones mientras estén rebajadas. Pero tu cerebro opina que es mejor venderlo todo, coger tu dinero y esconderlo debajo del colchón (más práctico que en una cueva) hasta que la amenaza desaparezca. ¡No es de extrañar que la mayoría de los inversionistas hagan justo lo que menos les conviene! Es simplemente el mecanismo de supervivencia de nuestra especie. El cerebro entra en pánico porque ve la ruina financiera como una *muerte segura. Y la realidad es lo de menos, solo nos importa la interpretación que hacemos de ella.*

Nuestras convicciones son las que determinan los impulsos que recibe nuestro sistema nervioso. Las convicciones no son sino sensaciones de certeza absoluta que controlan nuestro comportamiento. Si se manejan de forma eficiente, pueden ser la fuerza más poderosa para hacer las cosas bien, pero también pueden limitar nuestras opciones y obstaculizar seriamente nuestras acciones. Entonces, ¿cuál es la solución? ¿Cómo podemos eludir este instinto de supervivencia tan arraigado en nuestro sistema nervioso y en nuestra forma de pensar durante millones de años para conseguir hacerle frente a un tigre hambriento o a un mercado en plena caída? **Puede parecer muy simple, pero bastaría con desarrollar un conjunto de soluciones —un sencillo sistema de mecanismos correctores o controles y equilibrios— que neutrali-**

cen o minimicen los efectos dañinos de esta herencia ancestral. Tiene que contener algo parecido a una lista de chequeo interna, ya que no es suficiente saber: necesitas contar con un protocolo sistemático que te permita *ejecutar la verificación todas las veces.*

Piensa en el sector de la aviación, donde un fallo humano puede tener consecuencias catastróficas. Es imprescindible que sigamos el procedimiento correcto *todas las veces.* Las líneas aéreas reducen el riesgo mediante la implementación de soluciones globales y listas de verificación durante todo el proceso de vuelo. Un ejemplo es el sistema de pesos y contrapesos entre piloto y copiloto, diseñado específicamente con el objetivo de salvar vidas. El copiloto no solo asume el mando de la aeronave cuando el capitán está en el baño, también aporta su criterio profesional en todas las decisiones que surgen durante el trayecto. Además, sin importar las horas de vuelo que hayan acumulado, tanto piloto como copiloto supervisan constantemente una serie de listas de control para mantener el avión en rumbo y a los pasajeros a salvo, disfrutando del viaje y seguros de que van a llegar a su destino.

Cometer un error en materia de inversión no pone en riesgo la vida de nadie, pero aun así puede tener consecuencias catastróficas. Pregúntale a los que perdieron su casa durante la crisis financiera, a los que no pudieron seguir pagando la universidad de sus hijos, o a los que no pueden jubilarse. **Esta es la razón por la cual los inversionistas también necesitamos métodos, reglas y procedimientos para protegernos de nosotros mismos.**

SABER LO QUE HAY QUE HACER, HACER LO QUE UNO SABE

Los mejores inversionistas son plenamente conscientes de la necesidad de contar con un sistema, ya que entienden que, a pesar de sus numerosas habilidades, ¡cualquier desliz que cometan puede estropearlo todo y causar graves consecuencias! **Comprenden que no es suficiente** *saber lo que hay que hacer; también hay que hacer lo que uno sabe.* Aquí es donde entra en juego la importancia de contar con un método.

En mis más de veinte años como asesor de Paul Tudor Jones, una de las tareas más importantes ha sido actualizar y mejorar de forma constante el sistema que utiliza para evaluar y tomar decisiones de inversión. De hecho, el día que conocí a Paul, acababa de lograr una de las inversiones más formidables de la historia; la clave de su éxito fue aprovechar al máximo la complicada situación bursátil que se generó durante el «lunes negro» en 1987 (cuando el mercado cayó un 22 por ciento en una sola jornada). Paul consiguió ese año una rentabilidad casi imposible del 200 por ciento para sus inversionistas. Pero después de esa hazaña, se volvió demasiado confiado (una predisposición sobre la que hablaremos en este capítulo) y abandonó ciertas técnicas vitales que había implementado a lo largo de los años para ser cada vez más efectivo.

Con el fin de corregir este comportamiento, me reuní con unos cuantos colegas de Paul —algunos de los mejores inversionistas de la historia, como Stanley Druckenmiller— para tratar de averiguar qué es lo que hacía antes de manera diferente. Entrevisté a sus colaboradores y revisé los videos en los que estaba negociando durante su época dorada para poder crear una lista de verificación: un sencillo conjunto de criterios que Paul debía revisar antes de hacer una operación.

Por ejemplo, uno de los criterios que acordamos fue que antes de hacer una inversión (o negociación), Paul debía estar primero absolutamente seguro de que se trataba de una *transacción difícil*, es decir, una que no todo el mundo estaría dispuesto a hacer. Segundo, debía ser disciplinado y confirmar siempre la existencia de una relación asimétrica entre recompensa y riesgo. «*¿Es un tres a uno? ¿O se trata de un cinco a uno? ¿Es posible conseguir una recompensa desproporcionada a cambio de correr un riesgo mínimo? ¿Cuáles son las ganancias potenciales y cuál el riesgo de pérdidas?*» Tercero, tenía que dedicarle tiempo a pensar las respuestas a las siguientes preguntas: «*¿Dónde están los puntos de quiebre de los otros inversionistas? ¿Cuándo estarán los valores tan bajos o tan altos como para ahuyentar a la gente?*». Entonces usaría esta información para definir su punto de entrada: su objetivo al realizar la inversión. Y, por último, debía establecer también un procedimiento de salida, en caso de que sus cálculos fallaran. ¿Cuál es el patrón que podemos ver aquí? **El nexo común entre los criterios de Paul es una serie de *preguntas* sencillas que él usa para analizar sus creencias y observar la situación con mayor objetividad.**

Pero aunque todas estas preguntas le sirvieron a Paul a modo de lista de chequeo, lo que hizo que el sistema realmente funcionara fue la disciplina. ¡Después de todo, un sistema solo es efectivo si lo pones en práctica! Para asegurarme de que Paul lo hacía, le pedí que escribiera una carta a todos los miembros de su equipo en la cual dijera que nadie iba a poder realizar ninguna inversión o transacción hasta consultarlo primero con él y responder las siguientes preguntas: «*¿Es en verdad una transacción difícil? ¿Presenta una relación asimétrica entre riesgo y recompensa? ¿Es un cinco o un tres a uno? ¿Cuál es el punto de entrada? ¿Dónde están tus límites?*».

Para dar un paso más allá, su equipo recibió instrucciones de no procesar órdenes después de la campana de inicio (prohibido llevar a cabo negociaciones en las horas centrales del día). La razón fue que Paul se dio cuenta de que, si hacía cualquier transacción en ese momento de la jornada, significaba que estaba reaccionando al mercado con demasiada frecuencia, comprando en el momento más caro y vendiendo en el más barato, desaprovechando su poder y regalándole a alguien un trato mejor.

Como puedes ver, los grandes inversionistas como Paul conocen una verdad fundamental: la mente nos hace más fuertes o nos destruye, por eso necesitamos un sistema que nos ayude a no perder de vista el objetivo.

80 POR CIENTO PSICOLOGÍA, 20 POR CIENTO MECÁNICA

He pasado cuatro décadas estudiando a los mejores profesionales en distintos campos, incluyendo los relacionados con la inversión, los negocios, la educación, el deporte, la medicina y el entretenimiento. **Y lo que he descubierto es que el 80 por ciento del éxito es psicolo-**

gía y el 20 por ciento, mecánica. Cuando termines de leer este libro, conocerás no solo la mecánica básica de la inversión, sino lo que es aún más importante: cómo controlar tus propias emociones frente a los vaivenes del mercado, entendiendo los patrones que lo rigen en el largo plazo. Este dominio de la psicología del juego es incluso más relevante; sin él, eres como una mesa con patas inestables.

La psicología del inversionista es un tema increíblemente complejo y lleno de matices. Tanto es así, que existe una rama académica llamada «finanzas comportamentales», dedicada enteramente a estudiar los sesgos cognitivos y las emociones que llevan a los inversionistas a actuar de forma irracional. Estos sesgos hacen que los inversionistas incurran a menudo en algunos de los peores errores que se pueden cometer, como por ejemplo tratar de ganarle al mercado, invertir sin saber los costos reales de las comisiones y no diversificar.

¡Nuestro objetivo es tratar este tema de manera concisa y amena! En un pequeño apartado de este, de por sí, breve capítulo, te explicaremos lo que *realmente* necesitas saber sobre las seis mayores trampas que nos tiende nuestro cerebro y cómo evitar caer en los errores más comunes.

Como me dijo Ray Dalio: «Si conoces tus limitaciones, podrás adaptarte y triunfar. Si no las conoces, saldrás mal parado». Si implementas una solución sistemática, podrás liberarte de la tiranía de tu mente y operar como si fueras uno de los mejores inversionistas del planeta.

Primer error: Confirmación

Por qué los mejores inversionistas buscan siempre opiniones opuestas a la suya

Durante la batalla electoral por la presidencia de Estados Unidos entre Donald Trump y Hillary Clinton en 2016, es probable que participaras en encendidos «debates» políticos con tu círculo de amistades. Pero ¿no te daba la sensación de que no eran debates propiamente dichos, que cada uno había tomado ya una decisión? Los que amaban a Trump y detestaban a Hillary, o al revés, ¡vivían ese sentimiento con tal intensidad que muchas veces parecía que nada iba a hacerles cambiar de opinión!

Este fenómeno se vio potenciado por el modo en que usamos los medios de comunicación hoy en día. Hay mucha gente que mira canales de televisión que favorecen un solo punto de vista, como MSNBC o Fox News; y nuestras noticias suelen estar filtradas por Facebook u otras organizaciones. ¿El resultado? Pareciera que estuviéramos en una cámara de resonancia: escuchamos principalmente las opiniones de los que comparten nuestro punto de vista.

Las elecciones de 2016 fueron un ejemplo perfecto del «sesgo de confirmación», una tendencia natural que consiste en buscar y valorar la información que confirma nuestros propios prejuicios y creencias. Esta tendencia también nos lleva a evitar, menospreciar o ignorar cualquier tipo de información que vaya en contra de —¡adivinaste!— nuestras convicciones.

El sesgo de confirmación es una predisposición peligrosa para el inversionista. Por ejemplo, si nos gusta una inversión en particular, sentimos la necesidad de buscar y creer en todo aquello (a nuestro cerebro le encantan las evidencias) que pruebe que vale la pena realizarla. A menudo, los inversionistas visitan foros y leen boletines para reforzar su confianza en las acciones que poseen. O aprietan el acelerador con artículos especialmente favorables al sector de moda en el que están obteniendo grandes rentabilidades. Pero ¿qué pasa si la situación cambia y un valor o un sector que estaba por las nubes empieza a caer en picada? ¿Estamos preparados para cambiar de opinión y admitir que cometimos un error? ¿Somos flexibles a la hora de variar nuestro enfoque o estamos totalmente cerrados a la banda?

Peter Mallouk observó de cerca este fenómeno con una clienta nueva que, antes de ir a verlo, había amasado una fortuna con una acción biotecnológica que llevaba disparada más de una década. La clienta había invertido casi 10 millones de dólares en esta sola acción. Peter y su equipo en Creative Planning diseñaron un plan eficiente para que su clienta diversificara, reduciendo espectacularmente su exposición a este único valor. Aunque se mostró de acuerdo al principio, la clienta cambió luego de opinión, afirmando que ella «conocía» su adorada acción y que sabía que iba a continuar subiendo. Le contestó a Peter: «Me da igual lo que digas. ¡Esta acción es lo que me trajo hasta aquí!».

Durante los siguientes cuatro meses, el equipo de Peter estuvo tratando de convencerla para que diera luz verde al proceso de diversificación. Pero ella no escuchaba. Durante ese intervalo de tiempo, la acción cayó a la mitad y la clienta perdió $ 5 millones de dólares. Estaba tan fuera de sí que se mostraba más obstinada que nunca e insistía en esperar a que la acción se recuperara. Nunca lo hizo. Si le hubiera hecho caso a este consejo profesional, aun en contra de sus propias convicciones, probablemente ahora estaría camino hacia una total libertad financiera.

En realidad, este es otro ejemplo de un sesgo emocional conocido como «efecto de certidumbre» y que consiste en sobrevalorar lo que ya se posee, independientemente de su precio real. Esto hace que sea mucho más difícil desprendernos de nuestras pertenencias y comprar algo mejor. Lo cierto es que no es bueno sentir ese nivel de apego por una inversión. Aunque como reza el dicho, ¡el amor es ciego! No caigas rendido a los pies de tus finanzas.

La solución: formula mejor tus preguntas y encuentra a gente capacitada que no esté de acuerdo contigo

Los mejores inversionistas saben que son vulnerables al sesgo de confirmación y, por lo tanto, hacen todo lo que está en sus manos para combatirlo. **La clave es buscar siempre opiniones calificadas que difieran de las tuyas. Por supuesto, no vale cualquier opinión que sea distinta, esta debe venir de alguien que tenga la capacidad, trayectoria e inteligencia suficientes para proporcionar una visión objetiva.**

Nadie lo sabe mejor que Warren Buffett. Él consulta regularmente con su socio, Charlie Munger, un brillante intelectual famoso por no tener pelos en la lengua. En su informe anual de 2014, Buffett recordó que fue Munger el que, por su cuenta, lo persuadió de cambiar su estrategia de inversión por un enfoque que consideraba más inteligente: «Olvida todo lo que sabes sobre comprar un negocio aceptable a un precio estupendo y opta por comprar un negocio estupendo a un precio aceptable».

Es decir, que Warren Buffett, el mejor inversionista de todos los tiempos, atribuyó abiertamente su éxito a seguir el consejo de su socio, cuya «lógica era irrefutable». ¡Este es el resultado de resistirnos a buscar solo opiniones que se limiten a confirmar la nuestra!

Ray Dalio también está obsesionado con la idea de buscar puntos de vista divergentes. «**Es muy difícil acertar con el mercado**», me **dijo. «Así que aprendí que resulta muy efectivo hablar con gente que está en desacuerdo conmigo y escuchar sus argumentos. Reflexionar sobre los motivos por los que discrepamos es algo valioso». Según Ray, la pregunta clave es: «¿Qué es lo que no sé?».**

Algo que te puede beneficiar enormemente como inversionista es plantearles a las personas que respetas (sería óptimo incluir a un asesor financiero con una extraordinaria trayectoria profesional) una serie de preguntas con el objetivo de poner al descubierto aquello que desconoces. Antes de hacer una gran inversión, hablo con amigos que tienen una manera de pensar diferente a la mía, como mi sensato colega y genio empresarial Peter Guber. Explico cuál es mi punto de vista y luego pregunto: «*¿En qué me puedo estar equivocando? ¿Qué estoy pasando por alto? ¿Qué podría perder? ¿Hay algo que no esté previendo? ¿Y con quién puedo hablar para ampliar mis conocimientos?*». Este tipo de preguntas son las que me ayudan a protegerme del peligro del sesgo de confirmación.

Segundo error: confundir acontecimientos recientes con tendencias

¿Por qué la mayoría de los inversionistas compran de manera equivocada justo en el peor momento?

Uno de los errores más comunes —y peligrosos— a la hora de invertir es creer que la tendencia actual va a continuar. Y cuando los inversionistas fallan en sus previsiones, a menudo reaccionan de forma exagerada, y los mercados responden de la única forma que saben.

Un ejemplo perfecto de esto es la noche electoral de 2016. Según casi todas las encuestas, Hillary Clinton, la clara favorita, iba a ganar las elecciones, si no por goleada, por un «margen importante». De hecho, al mediodía de la jornada electoral, las apuestas en todo el país le daban a Clinton un 61 por ciento de probabilidades de llegar a la presidencia. Pero a las ocho de la noche, la situación dio un giro inesperado y Trump se convirtió en favorito con un 90 por ciento de posibilidades de ganar. Al conocerse finalmente los resultados y no cumplirse las expectativas, los inversionistas reaccionaron. El mercado respondió con violencia y los futuros del Dow cayeron más de 900 puntos.

De manera irónica, al día siguiente el mercado rebotó y el Dow recuperó unos 316 puntos cuando los inversionistas empezaron a asimilar la nueva realidad. Fuimos testigos del «efecto Trump» en la recuperación del mercado. Para diciembre de 2016, mientras estoy escribiendo estas líneas, la bolsa de valores lleva un mes subiendo. ¡El índice S&P 500 registró un nuevo máximo histórico por tercer día consecutivo y el Dow Jones lleva once en un mes!

¿Cómo crees tú que se deben sentir los inversionistas ahora? ¡Muy contentos, así es como se sienten! Cuando uno lee que el mercado está «disparado», ¡resulta difícil no sentir un cierto grado de satisfacción! Tal vez le des un vistazo a tu cartera de inversión y descubras que alcanzó un valor sin precedentes. ¡La vida es maravillosa!

Lo cierto es que no tengo ni idea de hacia dónde se dirige el mercado y, según los mejores inversionistas del mundo, ¡nadie lo sabe! Lo que sí sé es que la gente se deja llevar en momentos como este. Debido al cúmulo de emociones y a la confianza que se ha generado, ¡las personas empiezan a convencerse a sí mismas de que lo bueno nunca acabará! Del mismo modo que cuando el mercado cae, creen que nunca se recuperará. Como dice Warren Buffett: «Los inversionistas proyectan a futuro aquello que experimentaron más recientemente. **Esa es su costumbre más arraigada».**

¿Cuál es la explicación? **En realidad, existe un término técnico para referirse a este hábito. Se llama «sesgo de inmediatez». Es una manera elegante de decir que son las últimas experiencias vividas las que determinan nuestra manera de interpretar el futuro.** En pleno mercado alcista, nuestras neuronas nos recuerdan que las experiencias del momento están siendo muy satisfactorias y generan la creencia de que la tendencia positiva va a continuar. ¿Por qué es un problema? Porque, como ya sabemos, las épocas financieras pueden cambiar de repente, y a una fase alcista le sigue una bajista y viceversa. Es mejor no ser ese tipo de persona que cree que, después de un largo y soleado verano, no volverá a llover nunca más.

> *«Los que obtienen grandes logros no son aquellos que ceden a las tendencias, las modas y la opinión popular».*
>
> Jack Kerouac

Hace poco entrevisté a Harry Markowitz, un famoso economista ganador de un Premio Nobel por la «teoría del portafolio» o «teoría moderna de selección de cartera»: la base de mucho de lo que hoy sabemos sobre cómo utilizar la asignación de activos para reducir el riesgo. Harry es un genio de las finanzas que, a punto de cumplir los 85, ha visto casi de todo, por lo que tenía muchas ganas de hablar con él sobre los errores de inversión más comunes que debemos evitar.

Esto es lo que me contó: «El mayor error que cometen los pequeños inversionistas es comprar cuando el mercado sube, apoyándose en la suposición de que lo seguirá haciendo, y vender cuando el mercado baja, al suponer que seguirá bajando».

En realidad, esto forma parte de un patrón generalizado que se basa en creer que las tendencias de inversión no van a cambiar. Los inversionistas caen de forma recurrente en la trampa de comprar lo que está de moda (y desprenderse de lo que no lo está), independientemente de si se trata de una acción que está por las nubes, como Tesla Motors, o del último fondo con una calificación de cinco estrellas. Como dice Harry: «¡Compran todo lo que está subiendo!» La gente piensa que las estrellas fugaces continuarán brillando con fuerza. Pero como ya advertimos en el capítulo 3, *los ganadores de hoy suelen ser los perdedores de mañana*. Probablemente recuerdes el estudio que analizó 248 fondos con cinco estrellas de Morningstar. Diez años más tarde, ¡solo cuatro de todos esos fondos las conservaban!

> *«Las tendencias, como los caballos, son más fáciles de montar*
> *si vas en su misma dirección».*
>
> JOHN NAISBITT

Aun así, es habitual que los corredores de bolsa promocionen aquellos fondos que el año anterior lograron un rendimiento superior, solo para ver cómo sus recomendaciones *fracasan* al año siguiente. Los inversionistas tienden a llegar a la fiesta justo cuando se está acabando. Se pierden todas las ganancias y participan de todas las pérdidas. David Swensen me lo resumió de una manera muy clara: **«Los inversionistas particulares son propensos a comprar fondos que rinden bien, porque buscan rentabilidad. Y cuando los fondos rinden menos, los venden. Así acaban comprando caro y vendiendo barato. Y así no se gana dinero».**

La solución: no vendas. Reequilibra.

Los mejores inversionistas del mundo usan una serie de sencillas normas para no perder de vista el objetivo a largo plazo en esos momentos en los que las emociones están a flor de piel. Sería una buena idea que empezaras a elaborar tu propia lista —*una lista de chequeo para la cabina*— en la que detalles hacia dónde te diriges como inversionista, a qué debes estar atento y cómo piensas mantener el rumbo hacia tu meta. Comparte tu plan de vuelo con alguien de confianza, idealmente un asesor financiero. Este te ayudará a no salirte de la ruta establecida, evitando que rompas tus propias reglas por un impulso de supervivencia. **Considéralo como el equivalente financiero a tener**

un copiloto encargado de asegurar y verificar ¡que no chocas contra la montaña!

Una parte importante de la lista de normas consistirá en decidir de antemano cómo vas a diversificar el riesgo y determinar tu asignación de activos: cuánto dedicarás a acciones, bonos y diferentes alternativas. ¿Cómo será esta proporción? Si no la aseguras, siempre aparecerán nuevas oportunidades interesantes de inversión y tu asignación de activos reflejará tus reacciones en cada momento, sin tener en cuenta qué es lo mejor para ti a largo plazo. Recuerda que una de las maneras de no caer en esta trampa emocional es reequilibrar regularmente la cartera una vez al año.

¿Qué significa esto? Harry Markowitz me dio un ejemplo ilustrativo de un inversionista que comienza su camino con una cartera compuesta en un 60 por ciento de acciones y un 40 por ciento de bonos. Si la bolsa de valores sube, podría encontrarse con un 70 por ciento de acciones y un 30 por ciento de bonos. Automáticamente vendería las acciones y compraría bonos para volver a la tasa de asignación de activos acordada inicialmente. La gracia del reequilibrio, según Harry, es que nos obliga a «comprar barato y vender caro».

Tercer error: exceso de confianza

Sé realista: ¡sobrevalorar tus habilidades y conocimientos solo puede conducirte a un desastre!

Disculpa que entre en lo personal, pero déjame que te haga tres preguntas: ¿eres un conductor superior al promedio? ¿Te consideras un amante por encima del promedio? Y ¿eres más atractivo que el promedio? ¡No te preocupes! No hace falta que me respondas.

La razón de estas preguntas impertinentes es poner sobre la mesa un tema fundamental que podría ser de vital importancia para tu futuro financiero: la peligrosa tendencia de los seres humanos a creernos mejores (o más inteligentes) de lo que realmente somos. Una vez más, existe un término técnico para este tipo de sesgo cognitivo denominado «exceso de confianza». En pocas pa-

labras, estamos constantemente exagerando nuestras capacidades, conocimientos y perspectivas de futuro.

Numerosos estudios han descrito algunos de los efectos increíblemente ridículos del exceso de confianza. Por ejemplo, uno de ellos reveló que el 93 por ciento de los que están aprendiendo a conducir se consideran superiores al promedio. En otro se descubrió que un 94 por ciento de los profesores piensan que sus clases están por encima del promedio. Hubo incluso un estudio que halló que el 79 por ciento de los estudiantes están seguros de comportarse mejor que la mayoría, a pesar de que el 60 por ciento de los encuestados admitió haber copiado en un examen el año anterior. Nos creemos parte de un minúsculo grupo que se guía por la moral del «*yo nunca haría algo así*». Todo esto me recuerda a Lake Wobegon, una ciudad ficticia situada en Minnesota e inventada por el escritor Garrison Keillor (hasta hace poco el veterano presentador del programa *A Prairie Home Companion* de la National Public Radio), «donde todas las mujeres son fuertes, todos los hombres son guapos y todos los niños son superiores al promedio».

Entonces, ¿cómo un inversionista particular llega a pecar por exceso de confianza? Muchas veces es porque se dejan convencer por un «profesional» que les habla de una nueva inversión que se está volviendo muy popular y que va a arrasar con todo, y simplemente se dejan llevar por el entusiasmo. Dicho de otra forma, interpretan sus habilidades comerciales como una garantía.

Algunas personas tienen mucho éxito dirigiendo un negocio o manejando su vida, por lo que asumen que también lo tendrán como inversionistas. A ellos les parece lógico, pero como tú ya sabes, invertir es mucho más complicado y cuenta con un gran número de variables y, por desgracia, el exceso de confianza puede destruir el futuro financiero.

¿Hay personas más predispuestas a sufrir un exceso de confianza? Los profesores de finanzas Brad Barber y Terrance Odean analizaron la inversión en acciones de más de 35 000 hogares durante un período de cinco años. **Los resultados revelaron que, a la hora de invertir, los**

hombres ¡son especialmente propensos al exceso de confianza! De hecho, *los hombres compraron y vendieron en bolsa un 45 por ciento más que las mujeres,* **¡disminuyendo su beneficio neto en un 2.65 por ciento anual!** Si a esto le sumas unos cargos de transacción altos, más los impuestos, te darás cuenta de que es mucho mejor no excederse negociando. Otra consecuencia todavía más costosa del exceso de confianza es creer que seremos (nosotros o cualquier otro experto televisivo, estratega de mercado o autor de un blog) capaces de predecir el futuro comportamiento de la bolsa de valores, de las tasas de interés, del oro, del petróleo o de cualquier otra clase de activo. «Si no puedes adivinar el futuro, lo más importante es admitirlo», me dijo Howard Marks. «Pero si, a pesar de no poder hacer predicciones, lo intentas, es que te quieres suicidar».

La solución: sé realista, sé sincero contigo mismo

Uno de los mejores antídotos contra el exceso de confianza es pararte delante del espejo y hacerte la siguiente pregunta: «¿Poseo realmente alguna ventaja que me permita ser un inversionista que supere al mercado?». A menos que tengas una receta mágica —por ejemplo, acceso a información privilegiada y gran capacidad analítica, como tienen grandes inversionistas de la talla de Howard, Warren Buffett y Ray Dalio—, no hay ninguna razón para pensar que puedes ganarle al mercado de forma sostenida.

Entonces, ¿qué deberías hacer? ¡Fácil! Haz lo que Howard, Warren, Jack Bogle, David Swensen y otros de los mejores inversionistas del mundo recomiendan hacer: pon tu dinero en una cartera compuesta por fondos indexados de bajo costo y mantén tu inversión pase lo que pase. Con esto obtendrás el rendimiento del mercado sin la triple carga que los inversionistas activos deben soportar: comisiones de gestión exorbitantes, elevados costos operativos y una considerable factura tributaria. «Si no puedes añadir valor ni generar una asimetría, entonces lo mejor que puedes hacer es minimizar los costos», dice Howard. Es decir, «limítate a invertir en un índice».

Con los fondos indexados consigues también una gran diversificación que, además, es una efectiva protección contra el exceso de confianza. Después de todo, diversificar es admitir que no sabemos qué clase de activo, acción, bono o país lo hará mejor. De esta manera, ¡tienes un poco de todo!

Esto supone una gran paradoja: *admitir que carecemos de una ventaja especial, ¡nos aporta una enorme ventaja!* **¿Cómo es eso posible? Porque obtendrás mucho mejores resultados que los inversionistas arrogantes que se engañan creyendo que pueden alcanzar mayores rendimientos.** En temas de inversión, ¡el autoengaño conlleva probablemente el costo más elevado de todos!

Cuarto error: codicia, apuestas y la búsqueda del home run

Aunque tomar atajos resulta muy tentador, al final ganan los que siguen el camino.

Cuando tenía diecinueve años, alquilé un apartamento en un exclusivo complejo residencial situado sobre el océano Pacífico en la localidad de Marina del Rey, California. Un día estaba en una tintorería de la zona dejando ropa para lavar cuando, de repente, apareció un Rolls-Royce Corniche descapotable, que se detuvo enfrente y del que se bajó una preciosa mujer. ¡No pude evitar fijarme en ella! Empezamos a charlar mientras recogía su ropa y le pregunté a qué se dedicaban su familia y ella. Me contó que su marido trabajaba en el sector de las acciones baratas, las llamadas «penny stocks», y que le iba muy bien.

—Ya veo —contesté—. ¿Me podrías dar algún consejo?

—De hecho, ahora mismo hay una que está funcionando extraordinariamente bien.

Me dio el nombre de una acción muy atractiva y para mí fue como un regalo del cielo. ¡Una apuesta segura, de alguien que sabía lo que hacía! Entonces reuní $ 3000 dólares, que para mí era el equivalente a 3 millones, y los invertí en esa única acción. ¿Adivinas qué ocurrió? ¡La acción se fue a pique! Me sentí como un completo idiota.

De esa dolorosa experiencia aprendí lo peligroso que es dejarse llevar por la codicia y la impaciencia al invertir. Todos nos inclinamos más hacia la opción de obtener los mejores resultados en el menor plazo posible, que a centrarnos en los cambios pequeños y progresivos que se producen a lo largo del tiempo. **La mejor manera de ganar el juego de la inversión es alcanzando un rendimiento sostenido a largo plazo. Aun así, la idea de lograr un «home run» resulta muy tentadora, especialmente cuando piensas que ¡hay gente que se está enriqueciendo mucho más rápido que tú!**

El problema es que por mucho que lo intentes lo más probable es que no aciertes. Y las consecuencias pueden ser devastadoras. Como vimos en el capítulo 5, los mejores inversionistas viven obsesionados con evitar las pérdidas. ¿Recuerdas nuestra lección de matemáticas? Si pierdes un 50 por ciento de tu inversión, necesitarás unas ganancias del 100 por ciento para volver donde estabas y eso podría llevarte una década.

Por desgracia, el deseo de apostar forma parte de nuestra naturaleza. La industria del juego es consciente de ello y nos explota hábilmente tanto a nivel físico como psicológico: cuando estamos ganando, nuestros cuerpos liberan unos agentes químicos llamados endorfinas que nos hacen sentir eufóricos y nos empujan a seguir jugando; pero tampoco podemos dejar de jugar cuando estamos perdiendo, ya que ansiamos la inyección de endorfinas y queremos evitarnos el sufrimiento emocional de la derrota. ¡Los casinos saben cómo manipularnos: aumentan la cantidad de oxígeno para mantenernos en estado de alerta y nos suministran bebidas gratis para reducir nuestras inhibiciones! Después de todo, cuanto más juguemos nosotros, más ganan ellos.

¡Wall Street no es muy diferente! A los corredores de bolsa les encanta que sus clientes hagan muchas operaciones bursátiles, ya que esto les genera una lluvia de comisiones. Intentan llamar tu atención y que muerdas el anzuelo con anuncios que ofrecen transacciones gratis o de bajo costo e incluyen «información exclusiva» que, supuestamente, te ayudará a elegir los activos ganadores. ¡Sí, así funcionan! ¿Crees que es una coincidencia que las plataformas digitales dedicadas a la inversión sean similares a las de los casinos, con colores verdes y rojos, información permanente sobre el mercado bursátil, imágenes que parpadean y campanitas que anuncian premios? ¡Fueron diseñadas con el fin de despertar al especulador que llevamos dentro!

Los medios financieros refuerzan la sensación de que los mercados son solo un casino gigantesco, ¡un tóxico sistema para enriquecerse rápido dirigido a especuladores! Es muy fácil engancharse, lo que explica que tantas personas pierdan hasta la camisa después de apostar por las acciones más populares, negociar opciones y entrar y salir continuamente del mercado. ¡Toda esta actividad se debe al deseo del jugador de ganar el premio gordo!

Lo que tienes que tener claro es que existe una diferencia abismal entre la especulación a corto plazo y la inversión a largo plazo. Los especuladores están predestinados al fracaso, mientras que los inversionistas disciplinados que mantienen su apuesta en el mercado contra viento y marea tienen el éxito garantizado gracias al poder del interés compuesto. Cuanto más activo seas más gana Wall Street, pero tú ganas más siendo paciente durante décadas. Como dice Warren Buffett, «la Bolsa es un mecanismo por el cual se transfiere dinero del impaciente al paciente».

La solución: es una maratón, no una carrera corta

Así que la gran pregunta es: *¿cómo podemos, en términos prácticos, controlar al especulador que llevamos dentro y convertirnos en un inversionista orientado al largo plazo?*

Guy Spier es un conocido inversionista que está obsesionado con este tema. Guy empezó a acudir a mis seminarios hace dos décadas y, según él, fui yo el que lo inspiró a seguir el ejemplo de los mejores inversionistas. Puso en práctica su idea imitando la estrategia de inversión a largo plazo de Warren Buffett. ¡En 2008, Guy y otro gestor de fondos de inversión de alto riesgo llegaron a pagar $ 650 100 dólares a una organización benéfica solo para almorzar con Buffett!

Según Guy, la mayoría de los inversionistas fracasan porque se distraen con el ruido del corto plazo de Wall Street. Esto hace que sea mucho más difícil mantener su posición a largo plazo y que desaprovechen el increíble poder del interés compuesto. Por ejemplo, suelen comprobar frecuentemente el estado de sus inversiones y escuchan atentamente las inútiles predicciones que hacen los comentaristas en televisión y los «expertos» en el mercado. «Si revisas diariamente el valor de tus acciones o fondos en el computador, serás como un niño al que le dan caramelos», dice Guy. «Sentirás un pico de endorfinas. Tienes que darte cuenta de lo adictivo que resulta y dejar de hacerlo. ¡Aléjate de los caramelos!».

Guy recomienda que examines tu cartera de inversión una vez al año. Aconseja que no veas ningún programa de televisión que trate sobre finanzas. Y propone que ignores todos los estudios que provengan de empresas de Wall Street, ya que ¡su motivación es vender sus productos, no compartir sus conocimientos! «La gran mayoría de lo que pretende ser un análisis o información sobre el mercado de valores en verdad solo busca generar actividad y que nos lancemos al vacío, porque alguien ganará dinero con ello», explica. «Si se trata de una información que solo quiere fomentar la acción, debemos desecharla».

En su lugar, Guy aconseja «una dieta más variada de puntos de vista» y estudiar el saber hacer de inversionistas ultrapacientes como Warren Buffett y Jack Bogle. ¿El resultado? «Estarás alimentando tu cerebro con datos que harán que sea mucho más fácil pensar y actuar a largo plazo».

Quinto error: quedarse en casa

El mundo es enorme; entonces, ¿por qué la mayoría de los inversionistas prefieren quedarse cerca de casa?

Los seres humanos tenemos la tendencia natural a no salirnos de nuestra zona de confort. Si vives en Estados Unidos, es probable que te apetezca más una hamburguesa con queso y papas fritas que un festín de fuagrás, *fondue* de queso o caracoles. Por la misma razón, es probable que haya un supermercado, una gasolinera o una cafetería que te guste más que otras y donde vayas regularmente, en lugar de aventurarte en terreno desconocido.

A la hora de invertir, las personas también tenemos la tendencia a quedarnos con lo que mejor conocemos, ya que preferimos confiar en lo que nos resulta más familiar. Esto se denomina «sesgo de familiaridad» y es un sesgo cognitivo que lleva a la gente a invertir de manera desproporcionada en los mercados de su propio país y a veces incluso en acciones de su propia empresa o sector.

Para nuestros antepasados de las cavernas, el sesgo de familiaridad era una estrategia inteligente de supervivencia. Al desconocer los peligros que podra haber, lo mejor era no alejarse demasiado del territorio. Pero en la época actual, invertir de forma global reduce nuestra exposición al riesgo. Esto es así porque los diferentes mercados no suelen guardar correlación, es decir, no tienen un comportamiento paralelo.

Es preferible no estar sobreexpuesto a ningún país, incluso si resides en él, porque nunca sabes cuándo aparecerán turbulencias. A finales de 1980, los inversionistas japoneses tenían el 98 por ciento de su cartera invertida en acciones nacionales. Esto dio buenos frutos durante casi toda la década de los ochenta, cuando Japón parecía tener el mundo a sus pies. Pero luego, en 1989, el mercado japonés se derrumbó y todavía hoy sigue sin recuperarse del todo. ¡Adiós a nuestro «hogar, dulce hogar»!

Un estudio de Morningstar de finales de 2013 mostró que el inversionista estadounidense promedio de fondos de inversión tiene casi tres cuartos (73 por ciento) de todo su capital invertido en el mercado de valores estadounidense. Sin embargo, las acciones estadounidenses representan solo la mitad (49 por ciento) del mercado bursátil mundial. En otras palabras, los estadounidenses le atribuyen demasiado peso al mercado de Estados Unidos, lo que los deja relativamente subexpuestos a mercados extranjeros como el británico, el alemán, el chino o el indio.

¡Aunque, la verdad, no solo los americanos miran al resto del mundo con recelo! Richard Thaler y Cass Sunstein, reconocidos expertos en el campo de las finanzas comportamentales, escribieron que los inversionistas suecos tienen en promedio el 48 por ciento de su dinero metido en acciones suecas, a pesar del hecho de que Suecia representa solo un uno por ciento de la economía mundial. «Un inversionista racional en Estados Unidos o Japón invertiría alrededor del uno por ciento de sus activos en acciones suecas. ¿Tiene algún sentido que los inversionistas suecos inviertan cuarenta y ocho veces más? No».

La solución: expande tus horizontes

Es realmente sencillo. Como ya mencionamos en capítulos anteriores, es necesario diversificar todo lo que podamos no solo entre diferentes clases de activos, sino también entre países diferentes. Lo más razonable es que hables con un asesor financiero sobre cómo distribuir tus activos a nivel mundial. Una vez hayas decidido cuáles son los porcentajes adecuados para invertir en casa y en el extranjero, deberás escribir estas cifras en tu lista de chequeo para el éxito financiero. También es importante que especifiques por escrito los motivos que te llevaron a comprar estos activos. De esta manera, podrás acordarte de ellos cuando una parte de tu cartera esté rindiendo poco.

Los mejores asesores te ayudan a mantener una perspectiva a largo plazo y a que no caigas en la trampa de dar un trato más favorable al mercado que está de moda. Haciendo gala de un gran sentido de la historia, Harry Markowitz me dijo una vez: «Recientemente hemos vivido un largo período de tiempo en el cual el mercado de Estados Unidos ha obtenido mejores resultados que el europeo, mientras que los mercados emergentes han sufrido una gran sequía. Pero estas cosas siempre van y vienen».

Al diversificar entre distintos países, no solo reduces el riesgo total, sino que también aumentas tus ganancias. ¿Te acuerdas de cuando estuvimos hablando de la «década perdida» entre 2000 y 2009, un período en el que el índice S&P 500 generó solo un 1.4 por ciento de rentabilidad anual incluyendo dividendos? Durante ese tiempo, los valores internacionales promediaron un 3.9 por ciento anual, mientras que las acciones de los mercados emergentes rindieron un 16.2 por ciento. Así, para los inversionistas que habían diversificado a nivel internacional, esos años solo significaron un pequeño bache en el camino.

Sexto error: negatividad y aversión a la pérdida

Tu mente quiere que sientas miedo cuando hay una crisis, ¡no le hagas caso!

Los seres humanos tenemos la tendencia natural a recordar mejor las experiencias negativas que las positivas. Esto se conoce como «sesgo de atención a lo negativo». En nuestro pasado cavernícola, este sesgo cognitivo era de lo más práctico. Nos ayudaba a no olvidarnos de que el fuego quemaba, que ciertas bayas eran venenosas y que era estúpido comenzar una pelea con un cazador el doble de grande que tú. Recordar experiencias negativas puede ser también útil hoy en día: puede que se te olvidara la fecha de tu aniversario de boda y que te castigaran por ello al día siguiente, ¡seguro ya no te vuelve a pasar!

Pero ¿cómo afecta el sesgo de atención a lo negativo nuestra manera de invertir? ¡Gracias por preguntar! Como ya vimos, tanto las correcciones de mercado como los ciclos bajistas son fenómenos recurrentes. **Acuérdate de que, desde 1900, ha habido un promedio de una corrección al año y un ciclo bajista cada tres años.** Si te tocó vivir la fase bajista entre 2008 y 2009, sabrás de primera mano lo emocionalmente dolorosa que puede ser esta experiencia. Si, al igual que muchos otros inversionistas, tenías tu dinero invertido en un fondo o en acciones y tuviste que observar cómo, de un día para otro, perdía un tercio o la mitad (o más) de su valor, ¡es poco probable que te vayas a olvidar de ello fácilmente!

Ahora ambos sabemos que a los mejores inversionistas les encantan las correcciones y los mercados bajistas porque es cuando todo está rebajado. Recuerda la famosa cita de Warren Buffett en la que dice que él quiere «ser codicioso cuando los demás tienen miedo» y no te olvides de que sir John Templeton se hizo rico al aprovecharse de las gangas «en el punto de máximo pesimismo». Supongo que en este momento tu mente racional *entiende* las quiebras bursátiles como una maravillosa oportunidad de crear riqueza a largo plazo ¡y no como algo que debamos temer! Aun así, el sesgo de atención a lo negativo impide al inversionista promedio actuar con base en este conocimiento.

¿Por qué? Porque durante una crisis bursátil nuestra mente se dedica a bombardearnos con recuerdos de experiencias negativas. De hecho, hay una parte del cerebro, la amígdala, que funciona como un sistema de alarma biológico ¡hace que el miedo se adueñe de nosotros cuando perdemos dinero! Cualquier corrección del mercado, por pequeña que sea, puede desencadenar recuerdos negativos y provocar la reacción exagerada de muchos inversionistas temerosos de que la corrección derive en una quiebra. ¡Durante una fase bajista, esta sensación de miedo es desmesurada y provoca que los inversionistas sientan una gran ansiedad al creer que el mercado no se recuperará nunca!

Para empeorar aún más las cosas, los psicólogos Daniel Kahneman y Amos Tversky demostraron en un famoso estudio que las pérdidas financieras causan una sensación de sufrimiento dos veces más intensa que la sensación de placer que provocan las ganancias. El término utilizado para describir este fenómeno es «aversión a la pérdida».

¡El problema es que perder dinero provoca tanto dolor a los inversionistas que tienden a actuar de forma irracional solo para evitar esta posibilidad! Por ejemplo, hay mucha gente que cuando el mercado se derrumba, vende sus devaluados activos y se queda con el efectivo en lugar de lanzarse por las gangas.

Una de las razones por las que los mejores inversionistas tienen tanto éxito es porque son capaces de vencer esa tendencia natural a sentir miedo durante los períodos turbulentos. Tomemos como ejemplo a Howard Marks. Durante el último trimestre de 2008, en plena implosión de los mercados financieros, su firma Oaktree Capital Management invirtió alrededor de 500 millones de dólares por semana en fondos buitre (que compran la deuda de empresas con riesgo de impago). **Así es: ¡invirtieron 500 millones de dólares cada semana, durante quince semanas, en una época donde muchos pensaban que el fin del mundo había llegado!** «**Resultaba obvio que todo el mundo se comportaba de forma suicida**», me contó Howard. «**En general, ese siempre es un buen momento para comprar**».

Al centrarse tranquilamente en la búsqueda de grandes oportunidades, Howard y sus colaboradores amasaron unos beneficios multimillonarios cuando el invierno dio paso a la primavera. ¡Esto no habría sido posible si se hubieran dejado llevar por el miedo!

La solución: una buena preparación

> *«Quien fracasa al planificar, planifica su fracaso».*
> BENJAMIN FRANKLIN

En primer lugar, es importante que conozcamos bien quiénes somos. Una vez sepamos que somos vulnerables al sesgo de atención a lo negativo y a la aversión a la pérdida, podemos hacerles frente. Después de todo, ¡no puedes cambiar algo que desconoces! Pero ¿existe alguna medida específica para evitar que el miedo nos aparte del camino incluso en los peores momentos?

Como vimos en el capítulo 6, Peter Mallouk tuvo un enorme éxito ayudando a sus clientes a hacer frente a la crisis financiera mundial. Una de las claves fue informar a sus clientes con suficiente antelación sobre los riesgos de un mercado bajista, para que no los cogiera por sorpresa o se asustaran cuando ocurriera de verdad. Por ejemplo, les explicó cómo se habían comportado las diferentes clases de activos en fases bajistas anteriores con la intención de que estuvieran mentalmente preparados para lo que podía suceder.

También se les comunicó que Peter planeaba utilizar la crisis para su beneficio, vendiendo inversiones conservadoras como los bonos y reinvirtiendo los beneficios en la compra de acciones rebajadas. «Les dimos certidumbre acerca de cómo sería todo el proceso», dice Peter, «de tal modo que sabían exactamente lo que les esperaba. Esto redujo drásticamente sus dudas e inseguridades». Dicho de otra forma: la mejor manera de afrontar una crisis bursátil —y los miedos que pueden aparecer— es estando preparados.

Como ya hablamos largo y tendido, un aspecto decisivo para conseguirlo es contar con una correcta asignación de activos. También puede ayudar anotar los motivos que te llevaron a invertir en cada uno de los activos que forman tu portafolio. ¿Por qué? Porque inevitablemente habrá momentos en el que una determinada clase de activo rinda poco y, a veces, estos momentos duran varios años. Muchos inversionistas pierden la fe porque están demasiado centrados en el corto plazo. Pero cuando las cosas se pongan difíciles, podrás mirar esas notas y acordarte por qué invertiste en cada activo y cómo sirven estos a tu objetivo en el largo plazo.

Este sencillo proceso puede aliviar significativamente la carga emocional que soportamos cuando invertimos. Mientras tus necesidades no cambien y tus activos sigan en línea con tus objetivos, puedes quedarte tranquilo y esperar que tus inversiones cumplan con su cometido.

También puede ser de gran ayuda contar con un asesor financiero con el cual hablar sobre tus temores y preocupaciones durante los momentos más críticos y que te recuerde que la estrategia que acordaste por escrito, cuando tenías la mente en calma y no te dominaban las emociones, sigue siendo válida.

Es como volar un avión a través de una gran tormenta. La mayoría de los pilotos lo harán muy bien solos. ¡Pero les resultará mucho más fácil si saben que cuentan con un copiloto experimentado a su lado! Recuerda: incluso Warren Buffett tiene un socio.

CONTROLAR TU MENTE

Ahora que conoces cuáles son los patrones de conducta destructivos, estás en mejores condiciones para hacerles frente, aunque, como seres humanos que somos, no podremos evitar caer en ellos de vez en cuando. Después de todo, los sesgos que analizamos en este capítulo forman parte de nuestro sistema ancestral de supervivencia, así que no podemos pretender eliminarlos totalmente. Pero como dice Guy Spier, «esto no se trata de hacerlo todo perfecto. Incluso una pequeña mejora en nuestro comportamiento nos puede proporcionar increíbles recompensas».

¿Por qué? Porque invertir es un juego en el que cada detalle cuenta. Si tu beneficio aumenta en, digamos, un dos o tres por ciento anual, el impacto acumulado en décadas será impresionante gracias al poder del interés compuesto. El conjunto de soluciones que analizamos en este capítulo será muy útil en tu viaje y te ayudará a evitar, o minimizar, los errores que salen más caros y que cometen la mayoría de inversionistas.

Por ejemplo, estas sencillas reglas y maneras de proceder harán que te resulte mucho más fácil invertir a largo plazo, hacer menos operaciones bursátiles, rebajar las comisiones y los costos de transacción, mostrarte más dispuesto a aceptar diferentes puntos de vista, reducir el riesgo diversificando en el plano internacional, y controlar los miedos capaces de desestabilizarte durante una fase bajista. ¿Vas a hacerlo perfecto? No. Pero ¿vas a hacerlo mejor? ¡Seguro que sí! ¡Y la diferencia que esto supone durante toda una vida pueden ser muchos millones de dólares!

Ahora entiendes tanto la mecánica como la psicología de la inversión. Sabes cómo controlar tu mente para invertir con éxito y crear riqueza a largo plazo. El conocimiento que adquiriste tiene un valor incalculable y con él puedes alcanzar la total libertad financiera para ti y tu familia. Así que pasemos al capítulo final ¡y aprendamos a generar riqueza real y duradera!

CAPÍTULO 8
LA VERDADERA RIQUEZA

Cómo tomar la decisión más importante de tu vida

«Cada día, al despertarte, piensa "estoy vivo, tengo el precioso regalo de la vida humana, no voy a desperdiciarla"».

DALAI LAMA

Me sentiré feliz si este libro te ayuda a ser económicamente rico. Pero, para serte sincero, no creo que eso sea suficiente. ¿Por qué? Porque la riqueza económica no garantiza la riqueza como ser humano.

Todos podemos ganar dinero. Como viste en capítulos anteriores, las herramientas y los principios que se necesitan son muy sencillos. Por ejemplo, si sabes aprovechar el poder del interés compuesto, permaneces en el mercado durante un largo período de tiempo, diversificas con inteligencia y mantienes tus gastos e impuestos lo más bajos que sea posible, tus probabilidades de alcanzar la libertad financiera son extremadamente elevadas.

Pero ¿qué ocurre si logras la libertad financiera y aun así no eres feliz? Hay mucha gente que sueña con convertirse en millonaria o multimillonaria durante décadas. Luego, cuando finalmente cumplen ese sueño, piensan: «¿Y eso es todo? ¿Es todo lo que hay?» Y créeme, si consigues todo lo que quieres y *aun así* te sientes desdichado, ¡entonces estás realmente jodido!

No estoy menospreciando la importancia del dinero. Si lo usas bien, hay numerosas maneras en las que puede enriquecer tu vida y la de aquellos a los que amas. Pero la *verdadera riqueza* es mucho más que dinero. **La riqueza de verdad es emocional, psicológica y espiritual**. Si por fin eres económicamente libre, pero sigues sufriendo a nivel emocional, entonces, ¿qué clase de victoria es esa?

¡Es posible que te parezca extraño encontrar este inciso en un libro que trata sobre el dinero y la inversión! Pero sentiría que falté a mi deber si escribo un libro que enseña cómo conseguir riqueza financiera y paso por alto el secreto de cómo alcanzar la riqueza emocional. Afortunadamente, ¡no tienes que elegir entre las dos! Como descubrirás en este capítulo, es posible ser rico a nivel financiero y emocional. ¡Esto, querido amigo, es el mayor premio de todos!

Para mí, este capítulo que acaba de empezar es sin duda alguna el más importante del libro. ¿Por qué? Porque, como leerás en las siguientes páginas, existe *una decisión* que, si la tomas hoy, te puede cambiar el resto de la vida. Esta decisión te proporcionará más *felicidad, más paz interior y más riqueza de verdad* de la que puedas imaginar. Y lo mejor de todo es que no tendrás que esperar diez, veinte o treinta años para que eso ocurra. ¡Si tomas esta decisión, puedes ser rico *ahora mismo*!

¿Por qué deseo compartir esta información contigo? Porque a mí me cambió la vida. Así que, si estás listo, ¡vamos a dar comienzo a la última etapa de este viaje!

UNA GRAN CALIDAD DE VIDA

He dedicado toda mi vida a ayudar a las personas a realizar sus sueños. He visitado más de cien países y hablado con gente de todos los rincones del planeta sobre lo que realmente desean de la vida. ¿Y sabes qué he descubierto? Que aunque cada cultura tiene sus propias creencias y valores, todas comparten necesidades y deseos fundamentales de los seres humanos. **Y lo que observo a donde sea que vaya es que todos anhelamos una gran calidad de vida.**

Para algunos, esto significa tener una bonita casa con un precioso jardín. Para otros, criar hijos maravillosos. O escribir una novela. O componer una canción. Montar un negocio multimillonario. Ser uno con Dios. En otras palabras, no se trata de vivir el sueño de otra persona. **Se trata de vivir la vida al máximo del modo que más te guste.**

Pero ¿cómo conseguirlo? ¿Cómo cerramos la brecha que separa dónde estamos ahora de dónde queremos estar realmente? La respuesta es que necesitas dominar dos habilidades totalmente diferentes.

La ciencia del éxito

La primera es lo que yo llamo la «ciencia del éxito». En todos los ámbitos existen unas reglas del éxito que puedes romper (en cuyo caso, serás castigado) o seguir (en cuyo caso, serás recompensado). Tomemos como ejemplo la ciencia de la salud y el bienestar. A nivel bioquímico, todos somos diferentes, pero hay unas reglas básicas que debes cumplir si quieres estar sano y tener mucha energía. Si no obedeces esas reglas, pagarás las consecuencias.

Lo mismo ocurre en el mundo de las finanzas. Piensa en todo lo que aprendiste con este libro. Los inversionistas más afamados dejaron un rastro lleno de pistas para que las sigamos. Si estudias estas pautas de comportamiento y pones en práctica sus herramientas, estrategias y principios, estarás acelerando tu viaje al éxito. Resulta obvio, ¿verdad? Siembra las mismas semillas que las personas más exitosas y cosecharás los mismos frutos. De este modo, lograrás el control de tus finanzas.

Según la ciencia del éxito, existen tres pasos fundamentales que tienes que seguir para materializar tus sueños. Piensa en algo fantástico que hayas conseguido en tu vida y que, en su momento, creías imposible. Puede que fuera una relación amorosa, el trabajo ideal, un negocio próspero o un elegante auto deportivo. Ahora piensa cómo ese deseo pasó de ser algo imposible a hacerse realidad. Descubrirás que todo se debió a que seguiste un proceso con tres pasos básicos.

El primer paso para alcanzar tu sueño es la *concentración*. Recuerda: tu energía irá a dónde dirijas tu atención. Cuando pones toda tu atención en algo que realmente te importa, cuando no puedes dejar de pensar en ello a diario, se desarrolla un deseo tan fuerte que te lleva a conseguir lo que, de otra forma, estaría fuera de tu alcance. Esto es lo que pasa realmente: tu deseo activa una parte de tu cerebro, conocida como sistema de activación reticular, que hace que tu interés se centre en todo aquello que pueda ayudarte a alcanzar tu objetivo.

El segundo paso consiste en ir más allá del ansia, la motivación y el anhelo, y activar estas emociones para poner en marcha una «acción a gran escala». ¡Hay un montón de gente que sueña a lo grande y luego nunca hace nada! Si quieres alcanzar el éxito, tienes que llevar a cabo una acción a gran escala. Pero también necesitas encontrar la estrategia de ejecución más efectiva, lo que implica cambiar tu enfoque hasta encontrar lo que mejor funciona. Es posible acelerar el proceso siguiendo el ejemplo de personas que ya triunfaron, que es la razón por la cual nos hemos centrado tanto en magos de las finanzas como Warren Buffett, Ray Dalio, Jack Bogle y David Swensen. Si estudiamos los modelos adecuados, podremos aprender en una semana lo que de otra forma nos llevaría una década. Así que el segundo paso es una acción a gran escala combinada con una estrategia de ejecución efectiva.

El tercer paso para lograr tus metas es la gracia divina. Algunos lo llaman suerte y otros lo llaman Dios. Lo que te puedo decir, según mi propia experiencia, es que cuanto más reconozcas la presencia de la gracia divina en tu vida, ¡más bondades parecerás recibir! Es impresionante ver cómo un sentimiento de agradecimiento profundo puede traer más y más bondades a tu vida.

Por supuesto, esto no significa que dejes de hacer todo lo que está en tus manos para alcanzar tus metas, solo que hay cosas sobre las que no tienes ningún control. Incluso el hecho de nacer en esta época de la historia, de recibir un cerebro y un corazón sin hacer nada para merecerlo, y de que puedas aprovechar el enorme poder de las nuevas tecnologías como internet, ¡nada de esto estaba bajo tu control ni fuiste tú quien lo creó!

Ahora ya conoces los tres pasos básicos para el éxito. **Pero por importante que sea tener éxito, hay una segunda habilidad que también debes desarrollar si lo que buscas es vivir una vida extraordinaria. Yo la llamo el «arte de la satisfacción».**

El arte de la satisfacción

Por décadas estuve obsesionado con la ciencia del éxito, aprendiendo a controlar el mundo exterior y averiguando diferentes maneras de ayudar a las personas a dar un paso al frente y resolver todos sus problemas. **Pero ahora estoy absolutamente convencido de que es más valioso dominar el arte de la satisfacción. ¿Por qué? Porque si controlas el mundo exterior sin controlar antes el interior, es muy difícil que alguna vez llegues a ser realmente feliz. Ese es el motivo por el que mi obsesión, al día de hoy, es el arte de la satisfacción.**

El cuadro que valía $ 86.9 millones de dólares

Como dije antes, todos tenemos una idea diferente sobre lo que significa una gran calidad de vida. Dicho de otra forma, lo que te satisface a ti no tiene por qué ser lo mismo que me satisface a mí o a cualquier otra persona. ¡Nuestras necesidades y deseos son infinita y maravillosamente distintos! A lo largo de un día inolvidable que pasé con mi querido amigo Steve Wynn, viví una experiencia que me lo demostró de manera muy clara.

Hace unos cuantos años, recibí una llamada de Steve el día de su cumpleaños preguntándome dónde estaba. La suerte quiso que ambos estuviéramos en nuestras casas de vacaciones de Sun Valley, en el estado de Idaho. Así que Steve me invitó a su casa. «Cuando vengas, tengo que mostrarte un cuadro», me dijo. «Lo he querido durante más de una década, así que, hace dos días, hice la oferta más alta en Sotheby's ¡y por fin lo compré! ¡Me costó $ 86.9 millones de dólares!»

Tenía una enorme intriga por contemplar ese preciado tesoro que mi amigo había deseado durante tanto tiempo. Me imaginaba que sería algún tipo de obra maestra del Renacimiento, como las que ves en los museos de París o Londres. Pero cuando llegué a casa de Steve, ¿sabes qué me encontré? ¡Un cuadro con un gran cuadrado naranja! No lo podía creer. Lo miré y le dije a Steve: «¡Dame cien dólares en pintura y te hago un duplicado en una hora!» No le hizo mucha gracia. Aparentemente, se trataba de una de las mejores obras del artista abstracto Mark Rothko.

¿Por qué estoy contando esta historia? Porque a todos nos satisfacen cosas muy diferentes. Steve es mucho más sofisticado que yo en temas de arte, él es capaz de apreciar la belleza, la emoción y el sentido que se esconden detrás de esas pinceladas y yo, sin embargo, no puedo. Es decir, lo que para una persona son manchones naranjas, ¡para otra es una fantasía de $ 86.9 millones de dólares!

A pesar de que todos somos diferentes, existen algunos patrones comunes en el proceso de lograr nuestros sueños. Si ese es tu objetivo, ¿cuáles son los principios o las pautas de comportamiento que debes tener en cuenta?

El primer principio: Tienes que seguir creciendo. Todas las cosas en la vida tienen que evolucionar, o se mueren. Esto es válido para las relaciones, para los negocios y para todo lo demás. Si no te mantienes en permanente evolución o crecimiento, te sentirás frustrado y miserable, y te dará igual la cantidad de millones que tengas en el banco. De hecho, te voy a revelar el secreto de la felicidad en una sola palabra: progreso.

El segundo principio: Tienes que dar. Si no das, no podrás desarrollar tus sentimientos y emociones en todo su potencial y nunca llegarás a sentirte vivo de verdad. Como dijo Winston Churchill: «Vivimos de lo que recibimos, pero damos sentido a la vida gracias a lo que damos». Siempre que le pregunto a alguien sobre qué es lo que le aporta una mayor satisfacción a su vida, me responde que compartir lo que tiene con los demás. La verdadera naturaleza humana no es egoísta. **Nos mueve el deseo de contribuir. Si dejamos de experimentar este profundo deseo de contribuir, nunca llegaremos a sentirnos plenamente satisfechos.**

También vale la pena recordar la evidente verdad de que la riqueza financiera no es la llave de la felicidad. Como todos sabemos, las personas van detrás del dinero porque creen que es una especie de poción mágica que les va a proporcionar dicha, sentido y valor a sus vidas. Pero es imposible vivir una vida extraordinaria solo con dinero. A lo largo de los años he podido pasar mucho tiempo con multimillonarios y algunos de ellos están tan deprimidos que dan pena. Si una persona no es feliz, no puede disfrutar de una vida maravillosa, independientemente de cuánto tenga en la billetera.

Por supuesto que el dinero es una herramienta útil y un medio eficaz para colaborar con nuestras causas (o individuos) predilectas. Pero si sueñas con ser multimillonario, ¡tu verdadera fantasía no es poseer mil millones de pedazos de papel con fotos de gente que ya pasó a mejor vida! Lo que de verdad ansías son las emociones asociadas al dinero: por ejemplo, la sensación de libertad o seguridad, o la alegría de compartir la riqueza. En otras palabras, lo que buscas es todo lo que el dinero te hace sentir, no el dinero en sí mismo.

¿Y qué ocurre con el éxito profesional? Bueno, sería estupendo que ese éxito te proporcionara la sensación de crecimiento y contribución que todos necesitamos para sentirnos realizados. Pero seguro conoces a un montón de gente «exitosa» que no parece ni feliz ni satisfecha. ¿Podemos entonces considerar que eso es el éxito? **La realidad es que creo que tener éxito y no ser feliz es el mayor fracaso de todos.**

Déjame que te cuente un ejemplo bastante doloroso...

Un tesoro nacional

En 2014 perdimos a alguien a quien yo consideraba un tesoro nacional: el actor y cómico Robin Williams. Durante los dos últimos años he hablado de este hombre, poseedor de un increíble talento, con públicos de todas partes del mundo. Siempre hago la misma pregunta: «¿Cuánta gente de esta sala adoraba a Robin Williams? No levanten la mano si les gustaba, solo si realmente les encantaba». ¿Y sabes qué? A cualquier sitio que vaya —bien sea Londres, Lima, Tokio o Toronto—, un 98 por ciento de los asistentes levantan la mano.

¿Era Robin Williams un verdadero triunfador? Desde luego. Empezó de la nada. Luego decidió que quería ser la estrella de su propio programa de televisión y lo logró. Después deseó tener una bonita familia y la creó. Quiso ganar más dinero del que podría gastar en una vida y lo ganó. Decidió ser actor y lo fue. Se propuso ganar un premio Óscar —sin servirse de su habilidad cómica— ¡y también lo logró! Era un hombre que lo tenía todo, que había conseguido todo aquello que alguna vez había soñado.

Y luego se ahorcó.

Se ahorcó en su propia casa, abandonando a cientos de millones de personas que hoy día lo siguen adorando. Pero lo peor es que dejó a su mujer y a sus hijos traumatizados y con el corazón roto.

Cuando pienso en esta horrible tragedia, me viene a la mente una lección muy simple: si no eres feliz, no tienes nada.

Robin Williams fue capaz de conquistar muchas de las cosas que, por nuestra cultura, estamos condicionados a valorar, entre otras, fama y fortuna. Pero a pesar de todo, no era suficiente. Sufrió durante décadas intentando controlar su ansiedad mediante el consumo, y a veces el abuso, de drogas y alcohol. Cerca del final de su vida, su mujer, Susan, hizo público que padecía el síndrome degenerativo del cerebro conocido como demencia con cuerpos de Lewy. Hace poco Susan escribió en la revista médica *Neurology*: «Robin estaba perdiendo el juicio y era consciente de ello. No puedo imaginarme el dolor que soportaba mientras sentía cómo se iba desintegrando».[14]

Era un buen hombre que se preocupaba por los demás; un hombre que hizo un gran aporte al mundo, a pesar de su larga lucha contra las

---

[14] «Cuando llegó el invierno, los problemas de memoria, paranoia, delirios, confusión, insomnio y altos niveles de cortisol —por nombrar algunos— se habían convertido en crónicos. Recibía un tratamiento intensivo de psicoterapia y otros tratamientos médicos para tratar de controlar y solucionar estas enfermedades aparentemente dispares». http://www.neurology.org/content/87/13/1308.full

adicciones, su depresión y su frágil salud. Pero al final, hizo felices a todos menos a él mismo.

Me recuerda las indicaciones de seguridad que dan siempre que viajas en avión: «En caso de emergencia, rogamos se pongan sus máscaras de oxígeno antes de ayudar a los demás». Puede que parezca algo insensible y egoísta la primera vez que lo oyes, pero es realmente necesario: si no nos ayudamos antes a nosotros mismos, nos será imposible ayudar a alguien más.

Sé que Robin Williams es un caso extremo. Mi preocupación no es que quieras suicidarte. Es que veo a demasiadas personas —incluso entre los más «ricos» y «exitosos»— que se pierden gran parte de la alegría y la satisfacción que les correspondería vivir. Quiero que sientas esa alegría y satisfacción hoy mismo. Nadie nos enseña a ser felices.

Sufrir o no sufrir, esa es la cuestión

> *«Un hombre no es más que el producto de sus pensamientos.*
> *Se convierte en lo que piensa».*
>
> MAHATMA GANDHI

Quiero contarte la historia de cómo cambió mi vida y gracias a qué. Durante los últimos dos años he disfrutado de un maravilloso viaje espiritual. Busco constantemente la manera de crecer como persona y estoy siempre valorando diferentes opciones que me permitan alcanzar un nuevo nivel.

Hace un par de años fui a la India a visitar a un querido amigo al que también le fascina el tema de cómo lograr una gran calidad de vida. Mi amigo sabe que llevo muchos años enseñando el poder que resulta de estar «lleno de energía»: un estado en el que consigues todo lo que te propones y en el cual tus relaciones son apasionadas. En el lado opuesto, cuando estás «bajo de energía», tu cuerpo se siente perezoso, tu mente, lenta ¡y no puedes hacer mucho más que sentirte frustrado y gruñirles a los demás!

Entonces mi amigo me dijo: «¿Y si utilizas diferentes nombres para denominar esos dos estados?». En su opinión, un estado de gran energía también se podría describir como «estado de plenitud o belleza» y un estado de baja energía, especialmente si es uno que provoca un dolor interno, podría describirse como «estado de sufrimiento». Me contó que su visión espiritual era vivir en un estado de plenitud sin importar lo que pasara en su vida. Creía que así podría dar mucho más de sí a su mujer, a sus hijos y al mundo en general.

Estuve mucho tiempo pensando acerca de lo que dijo. Ahora soy un triunfador. Si estás leyendo este libro, es probable que tú también lo seas. Y los triunfadores nunca «sufrimos», ¿verdad? ¡No! ¡Solo padecemos estrés!

De hecho, si hace dos años alguien me hubiera dicho que yo sufría, me habría reído en su cara. Tengo una mujer maravillosa, cuatro hijos que son la gloria, total libertad a nivel económico y una importante misión que es mi fuente de inspiración todos los días. Pero entonces empecé a darme cuenta de que, con frecuencia, caía en un estado de sufrimiento. Por ejemplo, me frustraba, me ponía bravo, me sentía abrumado, me preocupaba o me estresaba, por citar solo algunos ejemplos. Al principio pensaba que esos estados de ánimo formaban parte de la vida. Y la verdad es que llegué a convencerme de que los necesitaba para poder seguir avanzando. ¡Pero solo era mi cabeza jugándome una mala pasada!

El problema es que el cerebro humano no fue diseñado para que nos sintamos felices y satisfechos. Su propósito es la supervivencia. Este órgano de más de dos millones de años está siempre atento a lo malo, a lo que nos puede hacer daño, para que así podamos luchar contra ello o escaparnos en caso de que sea necesario. Si permitimos que esta programación ancestral para la supervivencia nos gobierne, ¿qué posibilidades tenemos de disfrutar de la vida?

La mente opera naturalmente en modo supervivencia, y vive identificando y exagerando constantemente amenazas potenciales para asegurar nuestro bienestar. El resultado: una vida repleta de estrés y ansiedad. La mayoría de las personas viven así, ya que es el camino más fácil. Toman decisiones inconscientes basadas en el hábito y el condicionamiento, y están a merced de sus propios instintos. Asumen que los senti-mientos de frustración, estrés, tristeza y rabia forman, inevitablemente, parte de la vida; dicho de otra forma, viven en un estado de sufrimiento.

Así que me alegra decirte que hay otro camino: uno que implica tener control sobre tus pensamientos y que sea tu mente la que está a tus órdenes y no al contrario.

Decidí que no quería seguir viviendo en un estado de sufrimien-to. Iba a hacer todo lo que estuviera en mis manos para vivir en un estado de plenitud el resto de mis días ¡y convertirme así en un ejemplo de lo que se puede conseguir gracias a la fuerza de volun-tad! Después de todo, no hay nada peor que una persona rica y privile-giada que se comporta de una manera desagradecida y colérica.

Volar alto y hundirse

Antes de seguir avanzando, quiero dejar clara la diferencia entre estos dos estados emocionales y mentales:

Estado de plenitud. Un estado de plenitud es cuando sentimos amor, placer, gratitud, admiración, alegría, tranquilidad, creatividad, energía, bondad, crecimiento, curiosidad o agradecimiento. Sabemos exactamente qué hacer y lo hacemos bien. Nuestro espíritu y nuestro corazón cobran vida y damos lo mejor de nosotros. Los problemas no existen y todo fluye. El miedo y la frustración se van, ¡nos comporta-mos según nuestra verdadera esencia!

Estado de sufrimiento. Un estado de sufrimiento es cuando nos sentimos estresados, frustrados, enfadados, deprimidos, irritados, abrumados, resentidos o temerosos. ¡Todos hemos experimenta-do estas y otras innumerables sensaciones «negativas», aunque no siempre estemos dispuestos a reconocerlo! Como mencioné ante-riormente, la mayoría de personas triunfadoras prefieren pensar que padecen estrés, antes de admitir que tienen miedo. ¡Pero estrés es solo la palabra que utilizan para referirse al miedo! Si yo rastreara el origen de ese estrés, seguramente acabaría encontrando sus miedos más profundos.

Entonces, ¿qué es lo que determina un estado? Podrías pensar que el estado depende mayormente de las circunstancias externas. Si estamos descansando en una playa comiendo helado, ¡seguramente estemos disfrutando de un estado de plenitud! **Pero la realidad es que nuestro estado mental y emocional depende de dónde centremos nuestra atención**.

Voy a poner un ejemplo basado en mi propia vida. En los últimos veinticinco años he viajado frecuentemente entre Estados Unidos y Australia. Hoy en día tengo el privilegio de disponer de un avión privado, que es como tener una oficina volante. ¡Para bien o para mal, no me gusta desconectarme del trabajo! Todavía recuerdo vivamente el terror que me invadía cuando me sentaba en el avión comercial rumbo a Australia ¡y me preguntaba cómo iba a ser capaz de aguantar las siguientes catorce horas sin comunicarme con el exterior! ¿Cómo sobreviviría mi negocio sin mí?

Entonces un día, en un vuelo de Quantas Airways con destino a Sydney, el capitán anunció orgulloso que tendríamos acceso a internet durante el vuelo. ¡Todo el mundo a mi alrededor comenzó a vitorear, a aplaudir y a chocar las manos! ¡Era como si Dios hubiera descendido de las alturas y estuviera presente en el avión! No me levanté ni me puse a bailar, pero tengo que confesar que, dentro de mí, yo también aplaudí. Y entonces, después de quince minutos de absoluta felicidad, ¿sabes lo que ocurrió? Perdimos la conexión a internet. Ya no volvió a funcionar en lo que quedaba de vuelo y lo más probable es que siga sin funcionar después de todos estos años.

¿Cómo crees que reaccionamos los pasajeros? ¡Quedamos desolados! Pasamos de la euforia a maldecir nuestra mala suerte en un solo minuto. Me impresionó lo rápido que cambiaron nuestras expectativas: apenas unos momentos antes, el acceso a internet era poco menos que un milagro, ¡y ahora lo dábamos por hecho! Lo único que pensábamos era que la aerolínea había violado nuestro derecho fundamental a tener conexión a internet, un derecho inexistente hasta ese mismo día.

Estábamos tan indignados que, en un instante, ¡olvidamos la maravilla que es volar en el aire como si fuéramos pájaros y recorrer el mundo en cuestión de horas mientras vemos películas o dormimos!

¿No te parece ridículo que seamos así de insensibles y que nos enfademos tanto? Cuando las cosas no salen como esperamos o no obtenemos lo que queremos, en seguida dejamos de ser felices para sumergirnos en un estado de sufrimiento.

Todos sufrimos de manera y por motivos diferentes. Déjame entonces que te pregunte: ¿En qué consiste tu sufrimiento? ¿Cuál es la emoción negativa que más te afecta? ¿Es la tristeza? ¿La frustración, la rabia? ¿El desánimo? ¿La autocompasión? ¿La preocupación? Los detalles no importan porque todos son estados de sufrimiento. **¡Y el sufrimiento no es más que el resultado de una mente descontrolada en búsqueda de problemas!**

Piensa por un momento en una situación que hayas vivido recientemente y que te haya causado algún dolor o sufrimiento, una situación en la cual te hayas sentido frustrado, furioso, preocupado o abrumado. Cada vez que experimentas este tipo de emociones se debe a que tu cerebro, en su libre albedrío, pone en práctica al menos uno de los tres modos de percepción siguientes. De forma consciente o inconsciente, tu atención se centra en:

Pérdida. Cuando te centras en la pérdida, te convences a ti mismo de que un determinado problema te *provocó* o te *provocará* la pérdida de algo que valoras mucho. Por ejemplo, cuando después de discutir con tu mujer sientes como si hubieras perdido su amor o su respeto. Pero no tiene por qué ser algo que otra persona haya hecho o dejado de hacer, lo que causa esa sensación de pérdida. También puede ser motivado por algo que tú hiciste o dejaste de hacer. Por ejemplo, estuviste dilatando una decisión y ahora perdiste una gran oportunidad de negocio. Cada vez que creemos haber perdido algo, sufrimos.

Tener menos. Si te concentras en la idea de que tienes menos o de que vas a tener menos, sufrirás. Por ejemplo, es posible que pienses que porque ocurrió una situación, o una persona actuó de determinada manera, tú tendrás menos alegría, menos dinero, menos éxito o alguna otra consecuencia dolorosa. De nuevo, la percepción de «tener menos» puede haber sido generada por algo que tú u otros hicieron o dejaron de hacer.

Nunca. Si te consume la idea o te convences de que tú nunca obtendrás aquello que valoras (amor, alegría, respeto, oportunidad), estarás condenado al sufrimiento. Por ejemplo, puede que creas que nunca vas a ser capaz de superar una enfermedad, una lesión o algo que tu hermano dijo o hizo. Y así lo único que lograrás será sentir dolor. Recuerda: ¡nunca digas nunca jamás!

Estos tres modos de percibir las cosas son los culpables de todo o casi todo nuestro sufrimiento. ¿Y sabes qué es absurdo? ¡Que da igual si el problema existe o no! Basta con concentrarnos en algo para *experimentarlo*, sin importar si realmente ocurrió. ¿Pensaste en alguna ocasión que un amigo tuyo te había hecho algo terrible? Es probable que te molestara y te enfadaras tremendamente, ¡y luego descubrieras que te habías equivocado y que esa persona no tenía ninguna culpa! Lo que pasa es que mientras estabas sufriendo por lo que creías que te habían hecho, cuando todos esos sentimientos negativos se acumulaban en tu cabeza, la verdad era lo que menos importaba. Tu concentración en esos pensamientos generó tus emociones, y esas emociones provocaron el sufrimiento.

Pero tengo buenas noticias: una vez seas capaz de reconocer estos patrones, podrás cambiarlos sistemáticamente y librarte del sufrimiento. Se empieza haciendo una elección consciente. **O dominas tu mente o es ella la que te domina. El secreto para vivir una vida extraordinaria es controlar tu cerebro, ya que es quien determina si vas a disfrutar de un estado de plenitud o si, por el contrario, vas a estar sumergido en un estado de sufrimiento durante el resto de tus días.**

DESPUÉS DE TODO, LA CLAVE ESTÁ EN EL PODER DE DECISIÓN

No son nuestras circunstancias las que condicionan nuestra vida, sino nuestras decisiones. Si te fijas en los últimos cinco o diez años, estoy dispuesto a apostar contigo que podrás recordar una o dos decisiones que realmente cambiaron tu vida. Al mirar ahora hacia atrás, eres consciente de que, si hubieras tomado otra decisión, tu vida habría sido muy diferente. A qué universidad ir, a qué dedicarse en la vida, a quién amar o con quién casarse... Estas y otras muchas decisiones determinarán no solo el rumbo de nuestra vida, sino incluso nuestro destino. **Entonces, ¿cuál es la mayor decisión que puedes tomar en tu vida?** Hace un tiempo te habría respondido que lo más importante es con quién quieres pasar el resto de tu vida, a quién elegiste amar. Después de todo, la persona con la que pasamos gran parte de nuestro tiempo es quien condicionará mayormente nuestro futuro.

Pero en los últimos dos años, cambié de parecer. **Me di cuenta de que la única decisión que importa en la vida es: *¿Te comprometes a ser feliz, sin importar lo que pase?***

Es decir, ¿estás dispuesto a buscar a toda costa la manera de disfrutar de la vida no solo cuando el viento sople a tu favor, sino también cuando sople en tu contra, cuando sufras alguna injusticia, cuando alguien te engañe, cuando pierdas algo o a alguien a quien quieras, o cuando nadie parezca entenderte o apreciarte? Sin una decisión firme frente a esta pregunta, nuestro cerebro seguirá en modo supervivencia, causándonos un gran sufrimiento cada vez que no logremos satisfacer alguno de nuestros deseos, expectativas o preferencias. ¡Cuánta vida desaprovechada!

Esta decisión puede cambiar tu vida a partir de hoy. Pero no basta con decir que te gustaría emprender ese cambio, o que tu prioridad es ser feliz sin importar cómo. Tienes que ser el dueño de tu decisión, hacer lo que sea necesario para llevarla a cabo y no mirar hacia atrás nunca más. **Si quieres apropiarte de la isla, debes quemar los barcos. Tienes que decidir que quieres ser el único responsable de tu estado de ánimo y de cómo vivir tu vida.**

Se trata de que, a partir de hoy, traces una línea y digas: «No voy a sufrir más. Voy a vivir cada día al máximo y a disfrutar de todos los momentos, buenos y malos, porque la vida es demasiado corta para sufrir».

CUIDADO CON GODZILLA

Existen muchas y variadas técnicas para dominar la mente y conseguir un estado de plenitud. Este es un tema tan importante que tengo la intención de escribir un libro sobre él. Pero no tienes que esperar para embarcarte en el viaje que transformará tu vida. Ahora quiero que paremos un momento para hablar de dos sencillas técnicas que me han resultado muy útiles a mí.

La primera es una herramienta que llamo la «regla de los noventa segundos». Cuando empiezo a notar una sensación de sufrimiento, me doy noventa segundos para frenarla y recuperar mi estado de plenitud. Suena bien, ¿verdad? Pero ¿cómo se consigue hacer esto realmente?

Digamos que estoy teniendo una intensa conversación con un empleado de una de mis empresas y descubro que cometió un error que podría causar una serie de problemas. De forma natural, mi cerebro detecta el peligro y pone en marcha ese mecanismo ancestral de supervivencia, que incluye bombardearme con pensamientos sobre todas las maneras en que mi equipo y yo podemos resultar perjudicados. En otro tiempo, me habría dejado arrastrar por una ola de preocupación, frustración o rabia. ¡Una espiral de sufrimiento mental!

Pero esto es lo que hago ahora. Cuando siento cómo la tensión invade mi cuerpo, me deshago de ella. **Y la manera en que lo consigo es muy simple: respiro suavemente y me relajo. Salgo de ese estado de tensión y empiezo a distanciarme de todos los pensamientos negativos que genera mi cerebro.**

Es normal que afloren este tipo de pensamientos, pero solo son eso, pensamientos. Al estar relajados, nos damos cuenta de que **no tenemos por qué aceptarlos o identificarnos con ellos.** Puedo tomar distancia y decirme a mí mismo: «¡Caramba, qué tontería la que se me acaba de ocurrir! ¡Qué idea tan absurda!» ¿Por qué resulta esto útil? Porque el problema no es que aparezcan esos pensamientos negativos, destructivos y limitantes. Lo que nos hace daño es creernos esos pensamientos. Por ejemplo, ¿no te ha pasado que estás muy enfadado con alguien y piensas: «¡Cómo me gustaría ahorcar a este tipo! ¡Lo voy a matar!»? Apuesto a que al final no lo hiciste. ¿Por qué? Porque no creíste en ese pensamiento. O, al menos, ¡espero que no lo hicieras!

Una vez logro desconectarme de estos pensamientos no deseados, empiezo a concentrarme en encontrar algo que realmente valore. Cuando el cerebro está en modo supervivencia, solo se fija en lo que está mal, pero **siempre hay algo por lo cual sentirnos agradecidos. Como digo, «siempre va a haber algo mal, pero del mismo modo, ¡siempre habrá algo bien!»** A lo mejor es simplemente el hecho de que sigo vivo y estoy sano, ¡que todavía respiro! O que la persona que cometió el error es un ser humano maravilloso que trabaja duro y tiene la mejor de las intenciones. O incluso puede ser el hecho de que soy consciente del momento en que empiezo a sufrir y puedo ponerle freno de forma inmediata.

Aunque el motivo no es lo importante. Lo que importa es que, al cambiar el enfoque hacia lo positivo, detienes tu mecanismo de supervivencia. El amor, la alegría, el compartir con los demás también desencadenarán la misma transformación positiva. Te dan la voluntad necesaria para escapar de tu mente. Si continúas haciendo esto regularmente, terminarás por reprogramar tu sistema nervioso y entrenarás tu mente para buscar lo positivo de cada situación, logrando así que tu experiencia vital se base en el agradecimiento y la alegría.

¿Y sabes cuál será el milagro? Que antes de que te des cuenta, serás libre. Dejarán de afectarte las cosas que antes te volvían loco y comenzarás a reírte de ellas. Podrás vivir una vida más feliz y establecer relaciones más sanas con los demás. Adicionalmente, pensarás con mayor claridad y tomarás decisiones más acertadas. Después de todo, es bastante improbable que seas capaz de encontrar las mejores soluciones cuando te invade una sensación de estrés, ira, tristeza o miedo. En cambio, cuando te encuentras en un estado de plenitud, las respuestas se te ocurren con mayor facilidad. Es como sintonizar la frecuencia correcta en una radio: tienes que hacer desaparecer el ruido estático, si quieres escuchar la música con claridad.

Debería haber llamado esta técnica la regla de las cuatro-horas o de los cuatro-días porque, cuando empecé a usarla, ¡había ocasiones en que me llevaba mucho tiempo dejar de sufrir y recobrar el equilibrio! **Pero es como cualquier otra habilidad: cuanto más la practicas, mejor se te dará.** Descubrí que lo mejor es acabar esos pensamientos negativos lo más rápido posible y no dejar que se prolonguen más allá de noventa segundos. ¿Por qué? Porque el mejor momento para matar cualquier monstruo es cuando todavía es pequeño. ¡No creo que quieras esperar a que se convierta en Godzilla y acabe con tu ciudad!

Como todavía no soy un experto en esto, a veces no consigo mi objetivo. Pero uso la regla de los noventa segundos tan a menudo que está pasando de ser una disciplina a convertirse en un hábito. Gracias a esta técnica me he librado casi por completo de todos esos sentimientos destructivos que me solían quitar la alegría y la paz mental. Aunque estos siguen apareciendo, desaparecen rápidamente, vencidos por el poder de la gratitud. Para mí, ¡la vida es más hermosa que nunca!

Además, al no estar encerrado en tus pensamientos de «pérdida», «tener menos» y «nunca», podrás entregarte mucho más a los demás. Cuando estás en un estado de plenitud, logras dar más a las personas a las que amas.

¿Y sabes qué? **La felicidad es muy poderosa y es una gran ventaja en la vida. Nos proporciona ventajas en nuestras relaciones, en los negocios, en la salud y en todo lo que emprendemos. Vivir en un estado de plenitud, sin importar lo que pase, es ser completamente libre. Es experimentar la riqueza absoluta. ¡La abundancia de felicidad es la verdadera riqueza! ¡Es un regalo que puedes empezar a disfrutar sin necesidad de esperar a reunir suficiente dinero! Y lo mejor es que conseguirlo solo depende de ti.**

LIBERA TU CORAZÓN

¡EL PODER DE LA ALINEACIÓN!

«Para superar el miedo, lo mejor es estar muy agradecido».

Sir John Templeton

La segunda herramienta, que ya he compartido con miles de asistentes a mis seminarios en el último año, consiste en una sencilla meditación sobre la gratitud, de un par de minutos de duración. En la página web www.unshakeable.com y en la aplicación móvil Unshakeable, hay disponible un audio de este ejercicio para que puedas escucharla con los ojos cerrados. Aunque aquí también encontrarás la versión escrita.

Todos asimilamos información de forma diferente, por lo que es posible que prefieras primero leerla y obtener una impresión general de la mecánica del ejercicio, y luego hacer la meditación de memoria sin necesidad del audio. De cualquier modo, espero que veas que se trata de una técnica poderosa para alinear la mente y el corazón, capaz de transportarte con rapidez a un estado de plenitud.

Pero antes me gustaría añadir una breve explicación sobre la ciencia que sustenta esta meditación. Si en alguna ocasión acudes al hospital a realizarte un electroencefalograma (EEG) y un electrocardiograma (ECG), te medirán los impulsos eléctricos en el cerebro y el corazón. En caso de que padezcas una gran tensión y sufrimiento emocional, observarás cómo las líneas del ECG y el EEG se comportan de forma irregular. Pero el ritmo irregular de tu corazón no se parecerá en nada al de tu cerebro. En otras palabras, estarán desincronizados.

Estudios científicos demostraron que este breve ejercicio de meditación puede alterar los impulsos eléctricos en el cerebro y en el corazón. Lo increíble es que después de realizar la meditación, las líneas irregulares del EEG y el ECG tienden a suavizarse. Es más, las líneas de ambos órganos se vuelven casi idénticas. ¿Por qué? Porque ahora la mente y el corazón están operando como si fueran uno solo. Esto es lo que normalmente ocurre cuando nos encontramos en un estado donde todo fluye.

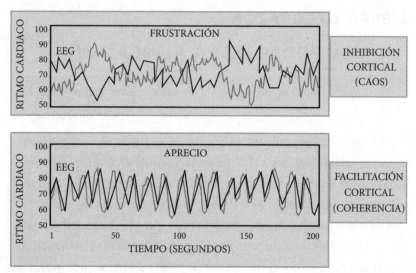

FUENTE: HEART MATH

El objetivo de la meditación es modificar tu actitud emocional al dejarte inundar por una sensación de gratitud profunda. ¿Por qué gratitud? Porque no se puede sentir gratitud y rabia al mismo tiempo. No puedes estar agradecido y asustado a la vez. Si quieres una vida miserable, ¡no hay mejor manera de lograrlo que dejándote llevar por la rabia y el miedo! Pero si lo que buscas es una vida feliz, vivir en un estado de plenitud, ¡no hay nada como sentirse agradecido!

Si estás listo para probar esta técnica, escucha la grabación o lee las instrucciones que siguen. Esto es lo que quiero que hagas:

Paso 1. Primero, elige un aspecto de tu vida en el cual tengas algún «asunto pendiente»: algo que necesites cambiar o solucionar en tu vida profesional o personal; un asunto problemático al que evitas enfrentarte porque te provoca malestar, frustración o estrés.

A lo mejor es un problema en el trabajo, o un conflicto con algún miembro de tu familia. En una escala del 0 al 10 (siendo 10 lo que más te molesta), ¿qué puntuación le darías? Lo ideal sería que escogieras un tema que tuviera por lo menos un 6 o 7, para que así puedas sentir el verdadero poder de este método.

Paso 2. Ahora deja de lado por un momento ese problema y pon ambas manos sobre el corazón. Siente sus latidos. Quiero que cierres los ojos y respires profundamente desde el corazón. Mientras respiras, nota cómo fluyen la sangre y el oxígeno hacia su interior. Siente el poder de tu corazón. Encuentra su fuerza. ¿Qué es lo que te llevó a emprender, a disfrutar, a apreciar o a dar y que hace que te sientas agradecido?

Paso 3. Mientras respiras profundamente, dale las gracias a tu corazón. Siente su regalo. Late cien mil veces al día y bombea tu sangre a través de cien mil kilómetros de vasos sanguíneos. No tienes que pensar en él y aun así siempre está ahí para ti, incluso cuando duermes. Es el mayor regalo y, sin embargo, no hiciste nada para merecerlo. Te fue concedido. Hay algo que te ama tanto que te dio ese corazón. Y mientras siga latiendo en tu pecho, tú vives. ¡Gran regalo! Siente ahora todo su poder.

Paso 4. Mientras respiras desde el corazón y te dejas embargar por un profundo sentimiento de gratitud, quiero que lo toques y lo sientas físicamente. Y al hacer eso, quiero que pienses en tres experiencias de tu vida por las que te sientas increíblemente agradecido. A continuación, vas a revivir esas tres experiencias una por una. Pueden ser largas o breves, ser de tu infancia o de esta semana, o incluso de hoy.

Paso 5. Piensa en la primera de esas experiencias. Sumérgete en ella como si estuvieras ahí de nuevo, dentro de ese recuerdo, viviéndolo otra vez. Observa lo que observabas en ese momento de gratitud: siéntelo, respíralo, poséelo y da infinitas gracias por ese momento. Llena con gratitud todo tu ser, porque así no habrá espacio para la tristeza, el dolor o la rabia. No puedes estar agradecido y enfadado al mismo tiempo. Ni agradecido y preocupado a la vez. Si fomentamos un espíritu de gratitud, nuestra vida será muy diferente.

Ahora piensa en la segunda experiencia, un momento por el que te sientes extremadamente agradecido, que significó algo muy puro en tu vida, una especie de milagro, un acto de gracia, de amor,

y déjate cautivar por la belleza y la alegría de esa experiencia. Deja que una profunda gratitud inunde tu cuerpo.

Lo siguiente que quiero que recuerdes es esa tercera ocasión en la que te sentiste enormemente agradecido. Pero no te limites a pensar en la experiencia. Entra en ella, vuelve a vivir la situación y a sentir lo que sentiste en ese momento. Saboréala. Emociónate con la alegría, el milagro, el regalo que fue todo aquello para ti.

Paso 6. Y ahora quiero que pienses en otra experiencia más, aunque esta vez debe ser una coincidencia. Algo que, aún sin ser planeado, supuso una gran alegría en tu vida. A lo mejor fue que conociste a alguien a quien hoy amas, o a alguien que te cambió o enriqueció como persona. O fue algo que creó una nueva oportunidad profesional, de crecimiento personal o para ser feliz. Sea como sea, esta coincidencia solo te afectó a ti. Pero ¿fue una coincidencia o tuvo un propósito?

Tengo una creencia que me ha ayudado en muchas ocasiones a superar las penas y encontrarles sentido a las cosas. **Creo, en lo más profundo de mi ser, que las cosas no pasan en la vida así porque sí, sino que siempre hay alguna razón detrás.** A menudo incluso las circunstancias más dolorosas nos invitan a mejorar, a crecer, a profundizar o a preocuparnos más por lo que nos rodea. Estoy seguro de que hay momentos de tu vida que no quisieras volver a vivir. Pero después de que han pasado cinco o diez años, cuando miras atrás, descubres el propósito real de todo aquello. Te das cuenta de que la vida estaba de tu lado en ese momento. Incluso los momentos de sufrimiento resultan excelentes oportunidades de crecimiento personal.

Dedica unos segundos a darle las gracias a quien creas que te dio esos regalos. Dale las gracias con toda tu alma al universo, a Dios o a quien tu fe crea responsable. Y confía en este viejo universo de miles millones de años que ha cuidado siempre de ti. ¡incluso en los momentos en los que estabas perdido!

Paso 7. Y ahora, mientras respiras desde tu corazón y sientes esta enorme gratitud, quiero que recuerdes qué te había enfadado tanto antes. Mientras estás en este estado de plenitud, embargado por la gratitud, hazte la siguiente pregunta: «Lo único que tengo que recordar de esa situación, lo único en lo que me tengo que centrar, lo único que tengo que creer, lo único que tengo que hacer es... ¿qué?». No medites la respuesta. Normalmente, las ideas que primero se nos pasan por la cabeza, las instintivas, son las correctas. Mientras continúas en este estado de plenitud, vuelve a hacerte la misma pregunta: «Lo único que tengo que recordar de esa situación, lo único en lo que me tengo que centrar, lo único que tengo que creer, lo único que tengo que hacer es... ¿qué?»

Seguro que tu corazón sabe la respuesta. Confía en él. Él sabe lo que hay que hacer. Respira desde tu corazón y da las gracias por la respuesta. Tu corazón y tu mente, al alinearse, forman una fuerza poderosa. Cuando se unen, son imbatibles.

Te resultará mucho más fácil escuchar esto que leerlo e intentarlo a la vez. Así que, por favor, no dudes en utilizar el audio de la aplicación. Como mencioné anteriormente, he guiado a decenas de miles de personas a través de esta meditación. En este punto les pido que levanten la mano si saben lo que deben hacer para resolver esa situación que los ha afectado tanto. Entonces les digo que abran los ojos y miren a su alrededor para ver cuánta gente levantó la mano. Normalmente lo hace un 95 por ciento de la audiencia. Aunque hay algunos casos en los que es necesario trabajar más intensamente. De todas maneras, este ejercicio es solo una de las muchas técnicas que puedo usar para ayudarlos.

Lo que trato de decir es que, en general, todos tenemos el poder de librarnos de un estado de sufrimiento y transformarlo en un estado de plenitud en solo dos minutos. ¿Cómo? Concentrándonos en lo que realmente apreciamos. **Es algo muy simple y a la vez muy profundo: la gratitud, la felicidad y el amor no son más que antídotos contra el sufrimiento.**

Toma todas tus emociones y pensamientos negativos, cámbialos por agradecimiento y tu vida cambiará en un instante.

UN SUEÑO DE FELICIDAD Y UNA VISIÓN
DE ESPERANZA

«Porque ayer no es más que un sueño
y mañana solo una visión,
pero el hoy bien vivido hace de cada ayer
un sueño de felicidad
y de cada mañana, una visión de esperanza».

KALIDASA, DRAMATURGO
Y POETA SÁNSCRITO (SIGLO V)

No pretendo que ahora creas que ya nunca más vas a volver a sufrir o a angustiarte. Sabes tan bien como yo que la vida está llena de situaciones difíciles. No importa lo listos o ricos que seamos, nadie está a salvo de padecer algún problema de salud, de soportar el dolor de perder a un ser querido y de un sinfín de adversidades.

No puedo controlar lo que te pase a ti o a tu familia en el futuro. Como tampoco puedo controlar el futuro de los mercados financieros, incluyendo la posibilidad de que llegue una quiebra que dure más tiempo y sea más grave de lo previsto. Ojalá pudiera... **Pero te prometo que, si tomas la decisión de dominar tus emociones y pensamientos, estarás mentalmente preparado para afrontar cualquier desafío en la vida.**

Hay personas que son expertas en estrés postraumático. Pero yo he pasado toda la vida enfocado en el milagro del crecimiento postraumático. Me dedico a estudiar a personas con una gran fortaleza, que se enfrentaron a las peores situaciones y que, aun así, lograron superarlas y vivir una vida maravillosa.

Hace unos años conocí a una increíble mujer llamada Alice Herz-Sommer, una excelente pianista nacida en la antigua Checoslovaquia en 1903. Durante la Segunda Guerra Mundial, Alice y su hijo fueron deportados y enviados a un campo de concentración. Allí la obligaron a dar recitales de piano y a fingir que disfrutaba tocar para sus captores nazis. Si no lo hacía, mataban a su hijo. La increíble historia de cómo Alice sobrevivió a esa experiencia con su espíritu intacto está recogida en su biografía titulada *A garden of Eden in Hell*.

Cuando conocí a Alice, tenía 108 años y vivía en Inglaterra. A pesar de haber pasado por esa tragedia, era una de las personas más positivas e inspiradoras que he visto, rebosaba vida y alegría. Vivía sola e insistía en cuidar de sí misma. Todavía tocaba piano y cantaba a diario. Lo que más me impactó de ella es que todo le parecía hermoso.

¿No es asombroso? Para mí es el mejor testimonio de cómo alguien que pasó por un verdadero infierno es capaz de volver a ser feliz. Cuando te encuentras con gente así, es imposible olvidarla porque posee el don más raro de todos: la habilidad de valorar y admirar las cosas, de estar agradecido por vivir. A pesar de las dificultades por las que atravesaron, irradian amor y alegría. Y luego están esas personas que te dan ganas de cachetear cuando ves que se salen de sus casillas porque su café con leche no está, en su opinión, suficientemente caliente. Me marcó profundamente la descripción que Alice hizo de su experiencia en el campo de concentración. Me dijo sin rodeos que, para ella, todos los momentos de su vida, incluyendo aquellos años... ¡son y serán un regalo!

Entonces, ¿qué vas a hacer? ¿Vienes conmigo a disfrutar de la riqueza verdadera y duradera al enseñarle a tu mente a encontrar la alegría en cada instante? Tú decides si quieres vivir en un estado de sufrimiento o en un estado de plenitud. Tienes la capacidad de convertirte en un maestro del goce, de dejarte embargar por la gratitud, de sentirte feliz, sin importar lo que pase. Lo mejor es que tu felicidad contagiará a los que te rodean.

Si estás listo para quemar los barcos y tomarte la isla, te recomiendo que escribas una carta explicando las razones de tu decisión de vivir en un estado de plenitud. Luego mándales esa carta a tres personas que respetes y pídeles que te avisen (¡con delicadeza!) si ven que, en algún momento, te sumerges en un estado de sufrimiento. Igualmente, me puedes enviar la carta a la dirección endsufferingnow@tonyrobbins.com. Me emocionará saber que tomaste la decisión de cambiar tu vida y conocer los motivos que te impulsaron a ello. Cuando escribas esa nota, no solo materializarás tus deseos, también te estarás comprometiendo públicamente a llevarlos a cabo, lo que te ayudará en tu cometido. Incluso es posible que inspires a los destinatarios a seguir tu ejemplo.

Todos necesitamos una meta. La mía es muy sencilla. Voy a vivir en un estado de plenitud el resto de mi vida y, cuando me desvíe de mi camino, regresaré de nuevo a donde estaba. Esto me permitirá hacer más hermosa la vida de los demás y la de aquellos a los que amo. Me encantaría que te unieras a mi misión. Porque déjame decirte que vivir en un estado de plenitud es la mejor recompensa, el premio gordo, el mayor tesoro. Es algo más raro —y un logro mucho más extraordinario— que convertirse en millonario o multimillonario. Si te subes a una montaña rusa y disfrutas tanto de las subidas como de las bajadas, es que lograste ser alguien completamente inquebrantable.

EL SECRETO PARA VIVIR ES DAR

Empecé este capítulo hablando sobre la riqueza verdadera. Así que, conforme nos acercamos al final de nuestro viaje juntos, ¿qué es realmente la riqueza verdadera? ¿Y cómo puedes experimentar esa riqueza a diario? Durante una charla con sir John Templeton, uno de los primeros inversionistas internacionales que se convirtió en multimillonario, le pregunté:

— ¿Cuál es el secreto de la riqueza?

— Tony, el secreto está en lo que tú enseñas —me contestó.

Me reí y le dije:

— Enseño un montón de cosas. ¿Cuál de ellas?

Con una gran sonrisa, respondió:

— ¡Gratitud! Tú sabes, Tony, que los dos conocemos a gente con mil millones de dólares que es infeliz. Eso es la verdadera pobreza. Y los dos conocemos a personas que en apariencia no tienen nada, pero que se sienten agradecidas por vivir y por todo en general. Esas personas son inmensamente ricas.

Todos sabemos, en lo más profundo de nuestro ser, que el dinero no nos hace ricos. Al igual que estoy seguro de que ya descubriste que los mayores tesoros no son nunca los económicos, sino esos momentos de gracia, cuando apreciamos la perfección y la belleza detrás de todas las cosas. Esos momentos en que sentimos que hay algo eterno e invencible en nuestro interior, la esencia de nuestro espíritu. Son el cariño y el amor de nuestra familia y amigos. Es encontrarle un sentido al trabajo. Es la capacidad de aprender y crecer, de compartir y servir a los demás.

Para mí también es la felicidad de ayudar a otras personas a superar sus límites y ver cómo brillan sus caras cuando se acuerdan de quiénes son y de lo que realmente son capaces de hacer. Es el placer de ver cómo transforman sus vidas y ya no luchan, sino celebran. Es esa sensación mágica de sentir que, de alguna forma, contribuí y que desempeñé un papel en el nacimiento de un ser humano maravilloso y excepcional. Es darme cuenta de que todas las adversidades que he padecido no solo me han ayudado a mí, sino también a otros, y que incluso el sufrimiento más terrible me llevó a algo hermoso.

Se trata del mayor cambio que puedas llevar a cabo. Encuentra una causa a la cual entregarte, una que te apasione y que sea más importante que tú, y serás rico. Nada nos enriquece más que ayudar a los demás.

A menudo la gente dice que donará cuando tenga mucho dinero. Pero la verdad es que puedes empezar a dar incluso aunque tengas poco. Si una persona no es capaz de desprenderse de diez centavos cuando tiene un dólar, ¡mucho menos de $ 100 000 dólares cuando tenga un millón! Empieza dando lo que puedas ¡y te prometo que te sentirás mejor que nunca! Ese cambio de mentalidad, de poco a mucho, te vuelve rico y te da una increíble sensación de libertad. Forzarás tu cerebro a ver que hay muchas más cosas que puedes amar, apreciar y dar. Y recuerda que no solo se trata de donar dinero. También puedes compartir tu tiempo y tu talento, mostrar amor y compasión, y entregar tu corazón.

Yo rezo a diario para ser capaz de mejorar la vida de todos los que conozco. No hay mayor regalo en la vida que dar lo que tienes a los demás. Si conviertes las herramientas y los principios contenidos en este libro en parte de ti, estarás en situación de recibir y, por ende, de dar, más de lo que nunca imaginaste. Y mientras esta extraordinaria riqueza fluya entre tú y el resto de las personas, no solo te sentirás más afortunado que nunca, sino que harás que los demás también lo sean. Así es como se siente ser verdaderamente rico.

Gracias por concederme el privilegio de pasar este tiempo contigo. Espero sinceramente que este libro te haya ayudado en tu trayecto hacia la libertad financiera. Puede que algún día nuestros caminos se crucen y pueda conocerte, escuchar tu historia y saber cómo contribuyó este libro a que alcanzaras la vida que siempre deseaste. Por favor, vuelve a leer estas páginas si alguna vez necesitas recordar quién eres y lo que puedes llegar a hacer. No olvides que tú eres más que el momento. Más que el dinero que tengas. Más que cualquier reto al que te enfrentes. Eres alma, espíritu y esencia... y eres alguien realmente inquebrantable. ¡Dios te bendiga!

Tony Robbins

CREATIVE PLANNING

Creative Planning es una sociedad líder en gestión patrimonial, reconocida a nivel nacional. Nuestra actividad principal es proporcionar a nuestros clientes un plan de inversión personalizado y ofrecerles una amplia variedad de servicios relacionados con la administración de sus patrimonios. Creemos plenamente en nuestra independencia y por eso garantizamos un asesoramiento objetivo e imparcial, libre de intereses comerciales. No hay ningún costo oculto, comisión o fondo de inversión propio que desvirtúe nuestro enfoque o genere un conflicto de intereses. Nuestro objetivo primordial es proveer asesoría y soluciones que lleven a un mayor beneficio para nuestros clientes.

A continuación, algunos de los reconocimientos que hemos acumulado a lo largo de los años:

- empresa número uno en gestión patrimonial en Estados Unidos (CNBC, 2014 y 2015);
- asesor independiente número uno en Estados Unidos (*Barron's*, 2013, 2014 y 2015); y
- asesor de inversión número uno en Estados Unidos por el crecimiento alcanzado en diez años (*Forbes*, 2016).

Actualmente gestionamos 22 mil millones de dólares y seguimos aumentando nuestro número de clientes en todos los estados.

www.GetASecondOpinion.com

AGRADECIMIENTOS

Si miro hacia atrás unos cuarenta años, puedo contemplar las caras de muchísima gente extraordinaria que me ha acompañado a lo largo de mi misión. Me gustaría, de forma muy breve, expresar mi profunda gratitud a todos aquellos que, de alguna manera, han tenido algo que ver en este proyecto.

Primero, claro está, a mi familia. Esta empieza y acaba con mi mujer, Bonnie Pearl, mi querida Sage. Te amo. Doy las gracias por la dicha de nuestro amor y nuestra vida juntos. A toda mi familia, en el sentido más amplio de la palabra, los quiero.

A mi amigo Peter Mallouk, te estaré siempre agradecido por aquella premonitoria conversación que tuvimos en Los Ángeles. No podría haber encontrado un socio más brillante, honesto y sincero que tú. Gracias.

A Josh, gracias por recorrer de nuevo este camino conmigo. Por todas las risas que compartimos durante el proceso creativo, disfruté cada momento y estoy muy orgulloso del trabajo que hemos hecho juntos. A Ajay Gupta, a todo el equipo de Creative Planning y a Tom Zgainer, mi más sincero agradecimiento.

A mi equipo de confianza en Robbins Research International —Sam, Yogesh, Scotty, Shari, Brook, Rich, Jay, Katie, Justin y todo el resto del personal ejecutivo, que siempre se mostró absolutamente leal y comprometido con la causa— doy todos los días las gracias por poder contar con ustedes. Gracias a Kwaku y a Brittany y Michael. Y no habría podido sacar adelante este libro sin la ayuda de mi mano derecha, Mary Buckheit, y de mi sobresaliente equipo creativo, especialmente Diane Adcock. Las quiero mucho, señoras, mil gracias.

A Jennifer Connelly, Jan Miller, Larry Hughes, gracias. A todo el equipo de la sede central de San Diego y a los socios que conforman Tony Robbins Companies, gracias por su dedicación a conseguir y crear grandes avances en todos los aspectos de la vida.

Hay cuatro hombres magníficos, a los que considero amigos de verdad, que han sido determinantes para mí. A mis grandes referentes Peter Guber, Marc Benioff, Paul Tudor Jones y Steve Wynn, gracias por su amor y por ser tan brillantes, creativos e intachables. Su amistad es para mí un gran regalo. Cada día que paso con ustedes me siento más motivado a mejorar en todo lo que hago.

Los actos y charlas que organizo por todo el mundo me brindan la oportunidad de conocer cada año a cientos de miles de personas maravillosas que me causan gran impacto. Pero este libro, su esencia, al igual que su predecesor, *Dinero: domina el juego*, fueron creados gracias a un grupo de más de cincuenta personas extraordinarias, cuyos conocimientos y estrategias me impactaron profundamente y estoy seguro de que impactarán a todos los que lean estas páginas. Mi más sincera gratitud y mi respeto y admiración a todos los que compartieron conmigo su valioso tiempo y el trabajo de toda su vida; estaré eternamente agradecido. A Ray Dalio, Jack Bogle, Steve Forbes, Alan Greenspan, Mary Callahan Erdoes, John Paulson, Harry Markowitz y Howard Marks: su sabiduría no tiene parangón, la maestría que demuestran es una verdadera inspiración y me considero un privilegiado al poder aprender de ustedes. Gracias.

Gracias también a T. Boone Pickens, Kyle Bass, Charles Schwab, sir John Templeton, Carl Icahn, Robert Schiller, Dan Ariely, Burton Malkiel, Alicia Munnell, Teresa Ghilarducci, Jeffrey Brown, David Babbel, Larry Summers, David Swensen, Marc Faber, Warren Buffett y George W. Bush. Gracias a todos los que me concedieron entrevistas o me dedicaron un poco de su tiempo durante mis seminarios Platinum Partnership Wealth Mastery y a todos los que, a lo largo de los años, han compartido conmigo sus conocimientos y servido de ejemplo de lo que es posible. Todos son una gran fuente de inspiración y sus ideas se ven reflejadas de múltiples formas en estas páginas.

Gracias otra vez a mis socios de Simon & Schuster, en especial a Jonathan Karp y Ben Loehnen. A William Green, gracias por tu inteligencia y humor británico y, sobre todo, por unirte a este proyecto y preocuparte tanto por cada palabra y cada punto. Gracias también a Cindy, por tu compromiso con este manuscrito.

Por supuesto, este libro no debe servir solamente a los lectores. Por ese motivo, mi más sincero agradecimiento a todos los que forman parte de la Fundación Anthony Robbins y a nuestros socios estratégicos, en especial a Dan Nesbit de Feeding America, por ayudarnos a coordinar esta innovadora iniciativa para proveer alimentos a nuestros vecinos hambrientos. La distribución de mi donación inicial de cien millones de comidas y los esfuerzos de todos los que trabajan incansablemente para reunir los fondos necesarios permitirán el reparto de mil millones de comidas durante los próximos ocho años.

A la gracia divina que dirigió todo este proceso y a todos aquellos amigos y profesores que alguna vez formaron parte de mi vida, demasiados para poder nombrarlos —algunos famosos, otros desconocidos—, y gracias a cuyos conocimientos, estrategias, ejemplo, amor y cariño llegué a ser la persona que soy. Les doy las gracias a todos en este día y les digo que, por mi parte, continuaré con mi interminable misión de ayudar a mejorar las vidas de todos aquellos a los que tengo el privilegio de conocer, amar y servir.

LAS EMPRESAS DE TONY ROBBINS

Tony Robbins es un empresario internacional, inversionista, escritor número uno en ventas según *The New York Times*, filántropo, propietario de varios equipos deportivos y el mejor estratega del mundo para la vida y los negocios.

LÍDER, PROFESOR Y ESTRATEGA
PARA LA VIDA Y LOS NEGOCIOS

En las últimas cuatro décadas, más de cincuenta millones de personas de más de cien países han disfrutado del cariño, el sentido del humor y el poder de transformación de sus libros, audios y videos de capacitación, y más de cuatro millones de personas han asistido a sus seminarios.

Ha asesorado tanto a líderes de talla mundial como a presidentes, incluyendo a Bill Clinton, Mikhail Gorbachev y a la princesa Diana de Gales. Ha ayudado a equipos deportivos a llegar a lo más alto, incluyendo a tres ganadores del título de la liga profesional de baloncesto estadounidense (NBA), además de destacados deportistas como Serena Williams y André Agassi. Otros que también acuden a él en busca de consejo son actores galardonados y artistas como Leonardo DiCaprio, Hugh Jackman, Anthony Hopkins y Pitbull.

Ha asesorado a algunos de los empresarios y hombres de negocios multimillonarios más exitosos del mundo, como por ejemplo Marc Benioff, director ejecutivo y fundador de Salesforce.com; Peter Guber, presidente y director ejecutivo de Mandalay Entertainment Group y propietario de los equipos deportivos Golden State Warriors y Los Angeles Dodgers; y el multimillonario magnate del juego Steve Wynn, propietario de Wynn Resorts & Casinos.

INICIATIVA EMPRESARIAL E INVERSIONES

Robbins es fundador o socio de más de treinta compañías, doce de las cuales administra activamente. Estas operan en siete sectores diferentes, con ventas anuales combinadas de más de cinco mil millones de dólares. Sus empresas pertenecen a sectores muy diferentes e incluyen desde un complejo hotelero de cinco estrellas situado en una isla de Fiyi (Namale Resort and Spa) hasta una compañía de realidad virtual que tiene acuerdos exclusivos con la NBA y con los conciertos de Live Nation (NextVR). También es socio propietario de varios equipos deportivos, como el Los Angeles Football Club (LAFC) y Team Liquid, organización mundial líder en el floreciente campo de los deportes electrónicos.

FILANTROPÍA

Tony es desde hace mucho tiempo un filántropo extraordinario que nunca ha olvidado sus raíces, en concreto la vez que alguien les llevó la cena del día de Acción de Gracias a él y a su familia en un momento de necesidad, cuando apenas tenía once años. Ha suministrado 250 millones de comidas a familias hambrientas y, durante los próximos ocho años, distribuirá mil millones de comidas entre los más necesitados, a través de sus socios de la organización benéfica Feeding America.

Además de alimentar a los pobres, Robbins provee agua potable a 250 000 personas al día en India y su intención es llegar al millón de personas en los próximos cinco años. Robbins también se asoció con Elon Musk y con otros líderes en innovación para donar un millón de los quince millones de dólares del premio XPrize para la educación. Además, colabora con la organización sin ánimo de lucro Operation Underground Railroad, para liberar a más de doscientos niños de la esclavitud sexual.

PREMIOS Y RECONOCIMIENTOS

- La revista *Worth* lo incluyó dos veces en la lista Power 100 de los líderes más influyentes en el mundo de las finanzas.
- Fue distinguido por Accenture como uno de los «cincuenta mejores intelectuales empresariales del mundo», Harvard Business Publishing lo añadió a la lista de los «doscientos mejores gurús empresariales» y American Express lo escogió como uno de los «mejores seis líderes empresariales del mundo» para asesorar a sus clientes emprendedores.
- Apareció en un artículo de portada de la revista *Fortune* como «el que les habla al oído a los directores ejecutivos» por su trabajo extraordinario como «el líder al que los líderes recurren».

OTRAS PUBLICACIONES DE TONY ROBBINS

LIBROS

Dinero: domina el juego (Ed. Paidós Empresa, 2018)

Despertando al gigante interior (Ed. Debolsillo, 2014)

Poder sin límites (Ed. Debolsillo, 2010)

PROGRAMAS DE AUDIO

"The Ultimate Edge" (La última frontera): todos deseamos vivir la vida que soñamos, pero, simplemente, no sabemos cómo hacerlo ni por dónde empezar. Muchos carecen de las estrategias, herramientas y la fuerza interior necesarias para conseguir un cambio duradero y pueden incluso no llegar a intentarlo por los obstáculos y prejuicios que tienen que superar. "The Ultimate Edge" te ayudará a despertar la fortaleza que se esconde en tu interior, un poder que te permitirá superar las barreras y obtener resultados asombrosos. En este audio de tres partes, Tony Robbins en persona te enseña a comprender tus verdaderos deseos y a dar el primer paso para cumplirlos. La obsesión por lograr el cambio y motivar a la gente a actuar es lo que define la vida y carrera profesional de Tony. Disponible en App Store y Google Marketplace.

DOCUMENTALES

No te pierdas el documental *Tony Robbins: no soy tu gurú* de Netflix.

Para más información, visita la página www.TonyRobbins.com.

APÉNDICE

Lista de tareas para alcanzar el éxito:
Fortificando el reino: cómo proteger tus activos, construir tu legado y
asegurarte contra lo desconocido

«*La invencibilidad reside en la defensa*».
Sun Tzu, *El arte de la guerra*

Te felicito por recorrer este camino con nosotros. Espero que, después de leer este libro, te sientas más preparado, informado y totalmente equipado con lo necesario para alcanzar la libertad financiera. Como sabes, *Inquebrantable* no es solo un título, es una forma de vivir, que se extiende a cada uno de los aspectos de tu vida. En últimas, significa libertad y paz interior.

Pero lo cierto es que ninguno de nosotros tiene un control absoluto sobre el futuro. Existen muchos acontecimientos inesperados que pueden surgir e impedir que disfrutes de la riqueza que tanto te costó conseguir.

- ¿Y si una enfermedad o discapacidad repentina te impide trabajar?
- ¿Y si recibes una demanda que pone en peligro el dinero que ganaste con tanto esfuerzo?

- ¿Y si te enfrentas a la cruda realidad de un divorcio?
- ¿Qué pasará con tu dinero y con tu herencia cuando, inevita blemente, fallezcas?

¿Te acuerdas de cuando hablábamos sobre cómo los perdedores simplemente reaccionan y los líderes se adelantan? El poder que deriva de la anticipación es enorme. Estas últimas páginas tratan sobre cómo anticiparse tanto a lo que sabes que va a pasar como a lo que rezas para que no pase. Sí, ya sé que sentarse a planear eventos poco probables o tu última voluntad no es lo más divertido del mundo. Sin embargo, te sentirás increíblemente relajado y tranquilo una vez definas y asegures que tus asuntos financieros van a ser administrados de la manera en que tú quieres. No hay nada comparable a la sensación de saber que la calidad de vida de tu familia y de aquellos a los que amas está a salvo de cualquier factor externo.

¿Recuerdas el mantra de Ray Dalio sobre esperar sorpresas? Esta sección es precisamente para eso. Por las mismas razones que diversificas tu cartera, los elementos de esta lista te ayudarán a prepararte para todos esos imprevistos que aguardan a la vuelta de la esquina.

Piensa que la gestión de tu riqueza verdadera es la construcción de tu reino financiero personal. En el centro se encuentra tu cartera. Si quieres protegerla de la destrucción o la erosión que provocan los impuestos innecesarios, los costosos litigios o una intervención del Estado, debes fortificar bien las zonas del centro y alrededor. Finalmente, lo que deseas es que a tu muerte tus herederos reciban exactamente lo que querías, o dejar un legado importante y filantrópico a las causas de tu elección.

Nuestra intención es que esta sección sea lo más breve posible. De hecho, ni siquiera es un capítulo. Fue diseñada para servir de guía o lista de tareas. Se compone de cuatro listas separadas que puedes revisar con tu abogado o asesor financiero. Cada una de ellas se centra en un tema específico: salud, riqueza, seguros y beneficencia.

«Queridos míos, estamos hoy aquí reunidos para superar juntos
esta cosa llamada vida».

PRINCE, "LET'S GO CRAZY"

En 2016, millones de fans alrededor del mundo lloraron la inesperada muerte del ícono musical conocido como Prince, uno de mis artistas favoritos. Según *The New York Times*, Prince murió a la edad de cincuenta y siete años sin dejar testamento. No registró de forma expresa su última voluntad, ni tomó las medidas necesarias para proteger su fortuna estimada en 300 millones de dólares. Por lo tanto, su familia no puede heredar directamente su patrimonio y, en su lugar, este queda a la espera de lo que decidan los tribunales en un proceso que puede durar varios años, sin olvidarnos de que, además, el gobierno tiene derecho a recaudar más de 120 millones de dólares, o el 40 por ciento de todos sus bienes. Y todo porque no estableció ningún plan al respecto.

Aunque el morado no sea tu color preferido y no logres nunca ganar siete premios Grammy, la lección es clara. Nos guste o no, no planear es planificar el fracaso.

Ahora le cedo la palabra a mi socio, Peter Mallouk, para que sea tu guía en esta sección y evite que cometas los mismos errores que perjudicaron a mucha gente en el pasado. Como ya sabes, Peter es, según la publicación *Barron´s* y la cadena CNBC, uno de los mejores asesores financieros del país, además de un abogado especializado en planificación patrimonial. A continuación podrás leer, sin costo alguno (!), los mismos consejos que él da personalmente a sus clientes. Así que asegúrate de no perderte nada. Luego lleva este libro a la oficina de tu asesor, reúnete con él y pon en orden tus finanzas.

TRANSFIERE Y PROTEGE TU RIQUEZA
CON PETER MALLOUK

¡Espera un momento! Antes de que cierres este libro con una de esas excusas que tantas veces he oído, quiero que las repasemos una a una:

«No tengo tantas cosas, así que no creo que hacer testamento sea importante».

Si no es importante, ¿por qué trabajas entonces? ¿Por qué inviertes? ¿Por qué haces estimaciones de costos? Por supuesto que es importante, y lo más probable es que lo estés aplazando porque te parece un tema muy complicado. Se puede hacer de forma rápida y económica y, además, tu familia merece que la protejas, ¿no te parece?

«Todavía soy joven y esta cuestión me resulta irrelevante».

Sí que es relevante si hay personas a las que quieres —madre, padre, abuelo, tío o tía— que no tienen establecidas medidas de protección para sí mismos o sus familias.

«Tengo un patrimonio bastante extenso y va a ser un lío muy grande».

Si crees que hacer tu testamento va a ser un lío, imagínate cómo sería para tus seres queridos que te pasara algo que te incapacitara o que fallecieras.

Siento ser tan directo, pero tengo que insistir en esto. ¡Si tienes un capital importante, deberías empezar a planificar ya la sucesión patrimonial! No hay ni un instante que perder. Nadie sabe el tiempo que le queda. Retrasar esto puede tener consecuencias catastróficas.

Mejor malo conocido...

Debes admitir que las desventajas de querer evitar lo inevitable son mayores que la molestia de reunirte una vez con tu abogado o asesor financiero. En las siguientes cuatro listas hablaremos de cómo protegerte en caso de enfermedad, cómo gestionar tu sucesión patrimonial o testamento, cómo asegurar tus activos en vida y, finalmente, cómo dejar un legado a la beneficencia.

Esta sección fue pensada para que la discutas directamente con tu asesor de confianza. Si no tienes un asesor financiero, un experto fiscal, un especialista en seguros o un abogado, o si simplemente deseas una segunda opinión, quiero que sepas que en Creative Planning también te podemos asesorar dentro de la gama de servicios sobre gestión patrimonial que ofrecemos. Si tienes alguna pregunta o quieres hacer una consulta, no dudes en ponerte en contacto con nosotros a través de nuestra página web www.GetASecondOpinion.com.

Lista 1: Yo tengo el poder

«Si alguna vez quedo incapacitado, me da igual quién tome las decisiones relacionadas con mi salud o maneje mis asuntos financieros. Pero si tuviera que elegir, creo que el gobierno sería el más adecuado para hacer todo esto en mi nombre».

NADIE HA DICHO ESTO NUNCA

Una vez tuve una cliente que, con cincuenta y tres años, y a pesar de gozar aparentemente de buena salud, dejó de responder a los estímulos de repente. Su familia la llevó rápidamente al hospital, donde le encontraron un tumor cerebral. Como no había firmado ningún poder notarial, su marido no pudo acceder a ninguna de sus cuentas ni solicitar los beneficios de invalidez. Falleció poco tiempo después sin haber recuperado la conciencia y pronto su familia descubrió que no había dejado testamento.

Los tres elementos de esta lista podrían haberse solucionado fácilmente si se hubieran tomado unas pocas y sencillas decisiones. No es un tema complejo. Cualquier abogado calificado podría haber llevado a cabo rápidamente las gestiones oportunas que habrían evitado esta situación a la familia de mi cliente. Esto es lo mínimo que tienes que hacer, si quieres protegerte tú y a los tuyos.

Poder notarial de atención médica

¿Qué pasaría si tú o tu mujer quedaran incapacitados repentinamente y no fueran capaces de tomar decisiones por ustedes mismos? ¿Quién tomaría las decisiones médicas en su nombre, si algo así llegara a pasar? Esto es algo que debes pensar mientras puedas. Es posible que, si tienes cónyuge, este sea tu mejor opción. Es importante que consideres seriamente las implicaciones de tu elección final. (Por ejemplo, si tienes un seguro de vida importante, quizás prefieras que la persona autorizada a desconectarte del sistema de soporte vital no sea uno de los beneficiarios). Es broma... Ahora, en serio, necesitas a alguien de tu absoluta confianza que sea capaz de tomar las decisiones pertinentes, desde desconectar el soporte vital, como acabo de mencionar, hasta cambiar de equipo médico o de hospital. Estas pueden ser decisiones de vida o muerte, literalmente. Toma la determinación que creas más correcta y déjala estipulada por escrito de inmediato.

Poder notarial para asuntos financieros

Tal vez confíes en tu familia para los temas relacionados con tu salud, pero debes saber que la gestión del dinero puede ser algo problemático para ellos. Al igual que puedes necesitar que alguien tome por ti las decisiones sobre tu salud, también necesitarás que alguien de tu confianza maneje tus asuntos financieros. Esto puede implicar pagar los recibos habituales como la hipoteca, firmar documentos legales e, incluso, hablar con otras entidades en tu nombre (como tu compañía telefónica o aseguradora).

Si ocurriera algo que te incapacite y no tuvieras este documento en orden, tu cónyuge, familiares o amigos pueden solicitar judicialmente la potestad para administrar tus finanzas.[15]

Nadie quiere tener que enfrentarse a este problema cuando tú estés en una situación muy delicada. Soluciona este tema lo antes posible y así no solo estarás tranquilo, sabiendo que vas a estar en buenas manos, sino que además harás que tu familia tenga una preocupación menos en un momento ya de por sí difícil.

Testamento vital (también conocido como documento de voluntades anticipadas o de instrucciones previas)

Si no quieres darle a nadie el poder de decisión sobre el cuidado de tu salud, puedes hacer un testamento vital a través del cual indicas a los médicos cómo proceder en caso de que no puedas expresar tus deseos.

---

[15] Si estás solo en la vida, hay muchos bancos que disponen de administradores que, a cambio de una pequeña comisión, pueden hacerse cargo de estos asuntos.

Al hacer un documento anticipando tu voluntad, le quitas a tus seres queridos un gran peso de encima.

Lista 2: *Planificación patrimonial y sucesoria*

«Las mejores cosas de la vida son gratis,
pero esas déjaselas a los pájaros y las abejas.
A mí dame dinero (eso es lo quiero)».
Barret Strong, «Money (That's What I Want)».

La mayoría de la gente cree que la planificación patrimonial y sucesoria es simplemente hacer un testamento.

Pero la planificación patrimonial es mucho más que decidir quién se queda con qué tras tu muerte. Hay una serie de cosas que puedes hacer hoy para reducir la carga tributaria y aumentar la eficiencia fiscal.

Redactar un testamento. El primer paso de la planificación patrimonial es la redacción de un testamento y, para ello, deberás tomar cuatro decisiones claves.

- ¿Quiénes son los beneficiarios? Es decir, ¿quién se queda con qué?
- ¿Quién será el guardián de tus hijos en caso de que estos sean menores de edad en el momento de tu defunción? Si esto no está especificado en el testamento, será un tribunal el que decida. Repito. ¡Será un tribunal el que decida quién va a criar a tus hijos! ¿Estás prestando atención?[16]

---

[16] Las personas a las que un tribunal concedería la custodia de tus hijos (tus padres o hermanos) no tienen porqué ser las mismas que tú elegirías. Esta es una decisión importante. Considera detenidamente quién de tu familia o allegados puede criar a tus hijos de la manera en que a ti te gustaría. ¿Quién podría proporcionar a tus hijos la mayor tranquilidad después de semejante tragedia? Habla con tu cónyuge sobre el tema y hagan la elección de forma conjunta. Tengan después una conversación con las personas que escogieron y pregúntenles si quieren ser los tutores legales.

- ¿Quién será tu albacea testamentario? Esta persona será la responsable de asegurar que se cumpla tu última voluntad.

- ¿Quieres que tus bienes se distribuyan directamente a tus herederos o a los fiduciarios que designaste para administrarlos en su beneficio (un fideicomiso testamentario)? Te pongo el siguiente ejemplo: imagínate que hay una pareja que tiene bienes por valor de $ 400 000 dólares y deciden que, cuando fallezcan, estos se dividan en partes iguales entre sus dos hijos que, actualmente, tienen diecinueve y veinte años. Si ambos padres murieran hoy, cada uno de ellos recibiría un cheque de $ 200 000 dólares sin restricciones. ¿Qué hubieras hecho tú a los diecinueve o veinte años con $ 200 000 dólares en el bolsillo?[17] En su lugar, los padres pueden establecer un fideicomiso testamentario donde se estipule que sus hijos deben recibir el capital y los ingresos necesarios para garantizar su salud y educación hasta que cumplan treinta años, momento en que se les entregará lo que quede de herencia.[18] El testamento también nombrará al fideicomisario, una persona o empresa designada por ti para guardar el dinero, invertirlo y distribuirlo de acuerdo con los términos del fideicomiso testamentario.

Lista 3: Seguros

> «Todo el mundo tiene un plan hasta que recibe
> el primer golpe en la cara».
>
> MIKE TYSON

Muchas de las eventualidades potencialmente capaces de llevarte a la bancarrota pueden ser cubiertas con un seguro. Al igual que aseguras tu automóvil para evitar que te llegue una factura de varios ceros

---

[17] Si tienes diecinueve o veinte años y tienes $ 200 000 dólares, te sugiero que vuelvas a leer los capítulos sobre inversiones de este libro.

[18] Estoy convencido de que los treinta son los nuevos dieciocho.

en caso de que tengas un accidente que sea solo eso, un accidente; o pagas un seguro de salud por si alguna vez sufres alguna dolencia grave y no deseas que el monto del hospital te arruine la vida, existen otros tipos de seguros que, gestionados de forma adecuada, pueden ser una herramienta fantástica. Sí, ya sé que a nadie le gustan los seguros hasta el momento en que los necesita. Pero puedes hacerlo todo bien —contratar a un fiduciario, reducir la cantidad de comisiones e impuestos, construir una cartera excepcional— y aún así ver cómo, en un abrir y cerrar de ojos, todos tus esfuerzos se van al traste por no haber contado con la posibilidad de que sucediese algo catastrófico.

Así que protejámonos lo mejor que podamos, ¿no te parece?

> *«El miedo a la muerte viene del miedo a la vida. Un hombre que vive plenamente está preparado para morir en cualquier momento».*
>
> MARK TWAIN

Seguro de vida. Si tienes un seguro para el teléfono celular pero no uno de vida, tú y yo tenemos que hablar. No bromeo. Un seguro de vida es crucial para proteger tus bienes y a tu familia. He sido testigo de varias situaciones dramáticas en las que los familiares de personas que fallecían sin un seguro de vida (o sin la cobertura adecuada) se quedaban sin dinero al desaparecer sus ingresos y amontonarse las deudas. Aunque ya dispongas de un seguro de vida, quiero que veamos los diferentes tipos que existen para asegurarnos de que el que tienes es el que más te conviene.

- Seguro de vida temporal o a término. El seguro temporal es el seguro de vida que más se adecúa a las necesidades de casi todas las personas; sin embargo, los agentes de seguros no suelen recomendarlo porque las comisiones que perciben son muy bajas.[19] Una póliza de seguro de vida temporal cubre un período de tiempo determinado (normalmente diez, quince,

---

[19] Podría escribir un libro entero acerca de cómo la industria aseguradora intenta sacar siempre rédito de todo. Pero me estoy desviando del tema...

veinte o treinta años). Al finalizar ese período, la póliza llega a término y la cobertura expira. Muchos agentes se escudan en que lo más posible es que no obtengas rendimiento alguno de tu inversión para evitar que lo contrates. En mi opinión, este es un argumento bastante estúpido. ¡Es como decir que debería estar decepcionado por tener una póliza de seguro del hogar y que mi casa no se haya incendiado! Un seguro temporal puede resultar muy útil si quieres que tu familia esté protegida en caso de que te pasara algo antes de lograr la seguridad financiera. La duración del contrato depende de lo lejos que estés de alcanzar tus objetivos económicos. Un agente de seguros o tu asesor financiero pueden ayudarte a averiguar esa cifra.

- Seguro de vida permanente. Como su nombre lo indica, este tipo de seguro dura toda la vida. Por eso resulta mucho más caro, ya que la compañía aseguradora sabe que, en algún momento, tendrá que abonar la indemnización por defunción.
- Seguro de vida permanente variable. Se trata de un seguro de vida permanente en el que los ahorros acumulados se reinvierten en una serie de «subcuentas» semejantes a los fondos de inversión. ¡Ten mucho cuidado! Este vehículo casi de «inversión» está repleto de gastos, comisiones elevadísimas y fondos de inversión de gestión activa. La penalización por cancelación también es muy onerosa. La única excepción es una herramienta para los ultrarricos llamada «seguro de vida de capital privado» (private placement life insurance o PPLI), en la cual no hay comisiones, ni cargos por cancelación y la inversión no tiene casi límites. Probablemente no los conoces porque los agentes de seguros no sacan ningún beneficio de su comercialización (por lo que se gestionan normalmente a través de abogados especializados). Dicho esto, el seguro de vida de capital privado suele conllevar un depósito de, al menos, un millón de dólares, por lo que se

trata esencialmente de una herramienta para quienes disponen de importantes activos.

¿CUÁNTA COBERTURA NECESITAS QUE TENGA TU SEGURO DE VIDA?

Determinar la cuantía del seguro de vida que necesitas es algo que hay que hacer durante el diseño de tu plan financiero y que debes resolver con tu asesor experto. Existen muchas metodologías populares que se utilizan para estimar esta cantidad. La mayoría de ellas no sirven para nada. Por ejemplo, hay una regla muy extendida que dice que deberíamos contratar un seguro de vida equivalente a cinco veces nuestros ingresos. Ponte a pensar un segundo e imagínate que ganas $ 100 000 dólares al año y tienes ahorrados 5 millones de dólares. En ese caso posiblemente no necesites ningún seguro de vida, tu familia se las podrá arreglar muy bien cuando ya no estés. Pero si te acabas de graduar de Medicina, debes $ 250 000 dólares en préstamos para estudios, te compraste una casa y tienes tres hijos pequeños, entonces la regla de cinco veces los ingresos se te quedaría muy corta. Obviamente, el mejor método para determinar la suma que necesitas es evaluando tu situación real.

Tendrás que volver a calcular esta cifra a medida que envejeces, consigues determinados objetivos o te fijas otros nuevos. Por ejemplo, cuando tus hijos ya no estén en la universidad o hayas terminado de amortizar tu hipoteca, ya no tendrás que seguir pagando la cobertura, aunque posiblemente necesites continuar ahorrando para tu jubilación. Este es uno de esos momentos donde contar con la ayuda de un asesor financiero vale su peso en oro.

> *«El tiempo y la salud son dos valiosas posesiones que no apreciamos ni valoramos hasta que se nos agotan».*
> DENIS WAITLEY, ORADOR, ESCRITOR, CONSULTOR

Seguro de invalidez. ¿Cuál crees que es tu bien más preciado? Hay mucha gente que piensa que es su casa o incluso sus ahorros para la vejez. Para la mayoría, sin embargo, es la capacidad de generar ingresos. El éxito en el camino hacia la seguridad y libertad financiera depende, a menudo, de tu habilidad para contar con un sueldo que te permita ahorrar lo suficiente como para crear una provisión de fondos de cara al futuro. Una discapacidad pondría este trayecto en serio peligro.

Las empresas normalmente ofrecen a sus empleados una cobertura en caso de invalidez tanto a corto como a largo plazo, por lo que sería una buena idea comprobarlo antes de reunirte con un especialista en seguros.

> *«El cuarenta por ciento de los individuos mayores de sesenta y cinco años terminarán en una residencia de ancianos».*
>
> MORNINGSTAR

Seguros de dependencia: cobertura para los gastos derivados de los cuidados asistenciales. A nadie le gusta pensar en la vejez. Lo entiendo. Pero a menos que seas Benjamin Button, es mejor que te asegures de que si algún día necesitas cuidados asistenciales, cuentas con la cobertura adecuada. Según *The New York Times*: «Cerca de un 70 por ciento de los mayores de 65 años precisará de algún tipo de cuidado prolongado antes de morir. Pero solo el 20 por ciento tiene contratado un seguro de dependencia. En su lugar, millones de las personas que al final terminan necesitando este tipo de cuidados acaban pagándolo de su bolsillo».

Si tienes la suerte de disponer de un portafolio de inversión multimillonario, puedes estructurarlo de manera eficiente para que te proporcione el dinero suficiente para cubrir los gastos. No obstante, el costo medio de una residencia de ancianos varía según el lugar, y va desde los $ 67 525 dólares anuales en Des Moines hasta los $ 168 630 dólares anuales en la ciudad de Nueva York. Dado que solo el 44 por ciento de la población mayor de cincuenta tiene más de $ 100 000 dólares en activos líquidos, no sería sorprendente que la mayoría de los que ingresan en un asilo se arruinaran en unos pocos años.

¿Cómo evitar que esto ocurra? Contratando una póliza de dependencia para ti, o para tus seres queridos, con suficiente anticipación.

Por ejemplo, puedes negociar una póliza que cubra $ 200 dólares diarios o $ 72 800 dólares anuales hasta tres años, y si tienes sesenta y cinco años, pagas solo 5000 dólares al año. Pero si esperas demasiado tiempo, el costo se vuelve prohibitivo y, además, la mayoría de las compañías aseguradoras no aseguran a nadie mayor de ochenta y cuatro años. El seguro de dependencia normalmente cubre la asistencia en el hogar y la estancia en una vivienda asistida, en un centro de día, en un centro de cuidados paliativos, en una residencia geriátrica o en un centro para enfermos de Alzheimer.

Seguro de hogar. Nuestras casas son uno de nuestros mayores activos y por eso es lógico que queramos protegerlas de determinadas eventualidades que se escapan a nuestro control, como un incendio, un terremoto o una inundación. El seguro de hogar cubre los costos de reparación del daño causado en tu vivienda, dentro de los límites de la póliza. (Esta es la clave. A menudo no somos capaces de comprender bien los límites y las condiciones de las pólizas, y nos podemos encontrar con una factura que nunca pensábamos que íbamos a tener que pagar).

Como con cualquier otro seguro que contrates, lo primero que debes hacer es definir exactamente la cobertura que necesitas. Para ello has de calcular el valor de reposición de tu casa, que puede ser distinto a su precio de venta. La *cobertura de la vivienda* debería tener el mismo costo que reconstruirla entera usando los mismos materiales (o los más similares). Es importante que conozcas los gastos de construcción y calcules la cobertura de la vivienda correctamente.

Mucha gente se sorprende cuando descubre que su seguro no lo indemniza de la manera en que pensaba. Esto se debe a la existencia de unos márgenes internos que determinan la cantidad de daño que está cubierto por la póliza o los límites en el pago por objetos de valor. Por este motivo, a menudo es aconsejable que aquellas personas que poseen casas de lujo, propiedades en alquiler u otras pertenencias valiosas o únicas (yates, vehículos de colección y similares) traten directamente con agentes especializados en vender seguros para esta clase de activos. De esta forma, se evitan pagar por un seguro que en última instancia no ofrece la protección que uno pensaba.

Seguro de responsabilidad extendida o póliza paraguas. Un seguro *de responsabilidad extendida* es una póliza de seguro contra todo riesgo que extiende la cobertura de tus seguros del hogar y automóvil más allá de los límites de capital establecidos en el contrato. Se trata, *efectivamente, de una póliza de protección de activos que cubre cualquier eventualidad que ocurra en cualquier momento y por cualquier motivo, y funciona, muchas veces, de una manera absolutamente sorprendente.* Vivimos en una sociedad cada vez más litigante, donde es perfectamente posible que los padres de tu vecinito te denuncien porque este se ha hecho daño saltando en tu trampolín. Si nos llevan a juicio y lo perdemos, todos nuestros esfuerzos por proteger y asegurar nuestra independencia financiera habrán sido en vano. Por esta razón, a muchos de nosotros nos conviene contratar una póliza de responsabilidad extendida. Este tipo de póliza nos da también acceso al equipo de abogados que trabaja para la compañía de seguros, por lo que cualquier problema de responsabilidad al que nos enfrentemos será gestionado directamente por ellos.

Lista 4: Dejar un legado

Todos los titanes a los que Tony entrevistó para este libro poseen algo en común: no solo les apasiona ganar dinero para ellos y sus familias, sino también donarlo. Han experimentado en primera persona la felicidad que se siente al compartir la riqueza con aquellas causas que consideramos importantes y valiosas. ¡No olvides que uno de los motivos por los que Tony y yo nos hemos lanzado a escribir este libro es para ayudar a dar de comer a mil millones de personas!

- Montar una fundación privada. Para poseedores de grandes fortunas, crear una *fundación privada* puede ser una estupenda manera de dejar un legado benéfico multigeneracional. Una fundación privada es una entidad benéfica independiente, que cuenta con empleados y un equipo directivo encargado de gestionar las operaciones y el reparto de bienes de acuerdo con su misión. Aunque cada vez hay una mayor regulación en torno al uso y la distribución de fondos de una fundación privada —lo cual, junto con la necesidad de contratar personal, puede encarecer las operaciones—, no hay ningún problema en que los miembros de la familia reciban un salario por trabajar en ella.

- Buscar una manera creativa de aumentar tu impacto. Hay una serie de empresas que, gracias al uso del crowdsourcing o colaboración masiva, están consiguiendo una repercusión cada vez mayor en el ámbito de la beneficencia. Un ejemplo es Crowdrise (www.Crowdrise.com), una entidad cofundada por el actor Edward Norton, que ha saltado directamente de la nada a la lista de los veinticinco mayores filántropos mundiales, según *Barron's*. (Tony fue uno de sus primeros inversionistas). Apoyándose en las nuevas tecnologías y redes sociales, Crowdrise ha ideado una estrategia inédita con la que ha generado el máximo impacto: una competencia amistosa entre diferentes organizaciones benéficas por conseguir donaciones. Digamos que quieres donar cien mil dólares a una entidad benéfica especializada en el suministro de agua potable. Crowdrise se encarga de ponerse en contacto con diez (o más) organizaciones que cumplan esas características y las invita a competir por tu donación. Las organizaciones que compiten acudirán a su propia red de donantes para comunicarles que si a lo largo del mes son capaces de recaudar más dinero que las demás entidades participantes, se llevarán los cien mil dólares. Si cada una de ellas recauda cincuenta mil dólares en promedio (10 entidades × 50 000 dólares = 500 000 dólares) y la ganadora recibe además tus cien mil dólares, se habrán conseguido un total de seiscientos mil dólares en donaciones, ¡medio millón de dólares más de lo que tú aportaste!

¡Y aquí tienes tu diploma!

Si has conseguido llegar hasta este punto, ¡felicitaciones! No solo has aprendido a convertirte en alguien inquebrantable para incrementar tu riqueza, ahora también sabes exactamente qué hacer para proteger a tu familia y dejar un legado de generosidad. No te llevará más de unas cuantas conversaciones con tu abogado, asesor financiero y especialista en seguros. Poner un poco de atención hoy puede proporcionarte a ti y a tu familia una inmensa tranquilidad en el futuro.